新・韓国語へのとびら

会話と練習をふんだんに

中島仁・金珉秀・吉本一

朝日出版社

音声サイト URL

http://text.asahipress.com/free/korean/
shinkantobira/index.html

装丁・イラスト　申　智英

まえがき

　『韓国語へのとびら』を上梓してから，早くも 10 年以上が経過しました。韓流はすでに一時的なブームを超えて日常化しています。近年の韓国語学習者の大部分は，韓国の音楽やドラマなどへの関心が動機となっているといって間違いないでしょう。一方，大学の授業も変化を重ねています。以前は 1 学期の授業回数が増えつづけていましたが，最近は 1 コマの授業時間を増やして授業回数を減らす動きも出ています。学習者や大学の授業の変化に対応して，教科書も変化せざるをえません。

　旧版のときもそうでしたが，今回の改訂にあたっても，構想から 3 年，執筆と会議に 1 年半の時間をかけ，じっくりと練り上げました。何度も何度も話し合いをして，書いては直し，書いては直して，ようやく完成にこぎつけました。

　『新・韓国語へのとびら』の特長は，次のとおりです。

1. 学習内容

　入門から初級までの間に学習するべき内容が抜け落ちないように配慮しました。この本に出ている文法や語句・表現をしっかり覚えるだけでも，相当な実力がつきます。韓国語で最低限のコミュニケーションは取れるでしょうし，検定などへの対策にもなるはずです。前の課で学習した内容を忘れないように，後の課でも例文や練習問題で扱っています。旧版の 25 課から新版の 22 課へと課の数は減りましたが，厳選された学習項目で構成しています。

2. 総合的学習

　言語の 4 つの技能を総合的に伸ばせるように配慮しました。主体となる会話文を中心に，そこに出てくる文法項目を応用して，さまざまな練習をするようにしています。名詞に助詞を付けたり，用言を活用させたり，韓国語から日本語への翻訳や日本語から韓国語への翻訳をしたり，さらには自由形式の受け答えまで練習します。文法項目の説明と例文を読んだ後，「練習問題」を解き，さらに「まとめ」で総合的な理解度をチェックします。

3. 学習の分量・時間

　課ごとの学習の分量・時間ができるだけ均等になるように配慮しました。各課で学習する項目は 2 〜 3 とし，標準的な学習の時間は大学の 1 コマ（90 〜 100 分）程度を想定しています。1 週間に 2 回ずつ勉強すれば，1 年間で終えられます。大学の 1 コマの時間が増えつつあることも鑑みて，旧版に比べて，練習問題の量を増やすとともに質も充実させました。

　この本を世に出すことができたのは，朝日出版社編集部の山田敏之さんと小髙理子さんのお力添えのおかげです。この場を借りてお礼を申し上げます。

　隣国の言語を学んでみようとするみなさんのためにこの本が少しでもお役に立てたら，著者としてこれ以上の喜びはありません。「韓国語へのとびら」を開いてみましょう。

2020 年 10 月

目次

付録

1. 発音規則	5. 朝鮮半島地図
2. 主な助詞	6. 韓日語彙リスト
3. 用言の活用	7. 日韓語彙リスト
4. 身体部位	8. 語尾・接尾辞リスト

補足

- ✓ 別れのあいさつ (01-Ⓐ)
- ✓ ○○の○○ (02-Ⓑ)
- ✓ ㄴ添加 (04-Ⓑ)
- ✓ 助詞-에と時間を表す単語 (05-Ⓑ)
- ✓ 해요体と합니다体 (07-Ⓐ)
- ✓ まだ～していません (09-Ⓐ)
- ✓ 「ある」「ない」の尊敬 (11-Ⓑ)
- ✓ 発音の注意 (14-Ⓐ)
- ✓ 指定詞の活用形Ⅲ (15-Ⓐ)
- ✓ 規則活用とㅂ不規則活用に注意! (16-Ⓑ)
- ✓ 活用形Ⅲに와!? (16-Ⓑ)
- ✓ ～してください (16-Ⓑ)
- ✓ 規則活用とㄷ不規則活用に注意! (17-Ⓐ)
- ✓ 決まり文句 (17-Ⓐ)
- ✓ 으語幹活用と르不規則活用に注意! (17-Ⓑ)
- ✓ 러不規則用言 (17-Ⓑ)
- ✓ 規則活用とㅅ不規則活用に注意! (18-Ⓐ)
- ✓ Ⅰ-기の多様な表現 (18-Ⓐ)
- ✓ 規則活用とㅎ不規則活用に注意! (19-Ⓑ)
- ✓ 어不規則用言の活用 (19-Ⓑ)
- ✓ 動詞の活用形Ⅲ-지다 (20-Ⓐ)
- ✓ 動詞に付く「より」 (20-Ⓐ)
- ✓ Ⅲ-도の多様な表現 (20-Ⓑ)
- ✓ 「～まで」と「～までに」 (20-Ⓑ)
- ✓ 活用形Ⅱ-시죠 (22-Ⓐ)

新・韓国語へのとびら

会話と練習をふんだんに

Ⅰ ハングル

ハングルとは

「ハングル」というのは，韓国語を書き表すために使われている文字の名前で，韓国語のことではありません。

1443年に世宗（セジョン）という王様が作り，1446年にその解説書が頒布されました。

ソウルの光化門前にある世宗大王像

子音を表す字母が19個あり，母音（半母音を含む）を表す字母が21個あります。英語の表記に用いられるラテン文字26個よりは多いですが，日本語の表記に用いられるひらがな46個・カタカナ46個よりは少ないです。ちなみに，漢字は数万もあり，日常的に使われるものでも2千〜3千ありますから，それに比べるとはるかに少ないです。

ハングルの構造

　ハングルは, ㄴ[n]・ㅁ[m]など子音を表す字母と ㅏ[a]・ㅜ[u]など母音を表す字母が2つないし3つ組み合わさって1文字になります。

　字母の組み合わせには, ①子音字母＋母音字母と②子音字母＋母音字母＋子音字母の2つがあります。また, (a) 母音字母が子音字母の右に来るものと (b) 母音字母が子音字母の下に来るものがあります。

　最初の子音を「**初声**」, 母音を「**中声**」, 最後の子音を「**終声**」といいます。また,「終声」や「終声字母」のことを「パッチム (받침)」ということもあります。

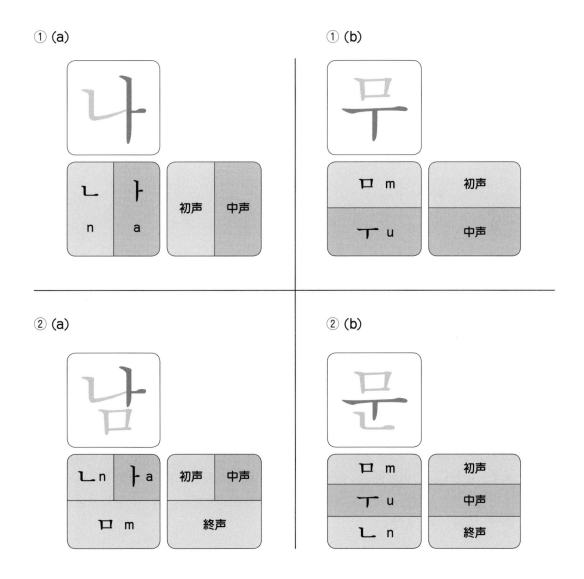

① (a)　　　　　　　　　　　　　　　　① (b)

② (a)　　　　　　　　　　　　　　　　② (b)

II 中声（1）単母音

　はじめに，最も基本的な8つの母音を学びましょう。これを**単母音**といいます。単母音というのは日本語でいうと「アイウエオ」にあたるものです。

	字母	発音記号	発 音
ア	ㅏ	[a]	日本語の「ア」とほぼ同じ。
イ	ㅣ	[i]	日本語の「イ」とほぼ同じ。
ウ	ㅜ	[u]	唇を丸くすぼめて前に突き出し，「ウ」と発音する。
	ㅡ	[ɯ]	口を横に広げて「ウ」と発音する。
エ	ㅔ	[e]	日本語の「エ」とほぼ同じ。
	ㅐ	[ɛ]	
オ	ㅗ	[o]	唇を丸くすぼめて前に突き出し，「オ」と発音する。
	ㅓ	[ɔ]	口を軽く開いて「オ」と発音する。

・ポイント・ ㅔとㅐ

　ㅔは口を小さく開いて「エ」と発音し，ㅐは口を大きく開いて「エ」と発音する，とされます。しかし，この区別は，だんだんなくなりつつあります。ですから，どちらも日本語の「エ」と同じように発音してかまいません。ただし，書くときには区別しますので，注意してください。

練習 ① 次の単母音を発音しながら, 丁寧に書いてみましょう。

（最初の子音がない場合は, 子音がないことを表す○を付けて書きます。）

아 (ア)	아					
이 (イ)	이					
우 (ウ)	우					
으 (ウ)	으					
에 (エ)	에					
애 (エ)	애					
오 (オ)	오					
어 (オ)	어					

・ポイント・ 母音字母を書く位置

ㅏ・ㅓなどㅣを中心にできている縦長の母音字母は○の右側に書き, ㅗ・ㅜなど─を中心にできている横長の母音字母は○の下側に書きます。

III 中声（2）半母音〔j〕＋単母音

　韓国語にも日本語の「ヤユヨ」のように半母音[j]と単母音が結びついた音があります。それぞれ，単母音の字母の短い線を1本ずつ増やして書きます。

	字母	発音記号	発音
ヤ	ㅑ	[ja]	日本語の「ヤ」とほぼ同じ。
ユ	ㅠ	[ju]	唇を丸くすぼめて前に突き出し，「ユ」と発音する。
ヨ	ㅛ	[jo]	唇を丸くすぼめて前に突き出し，「ヨ」と発音する。
	ㅕ	[jɔ]	口を軽く開いて「ヨ」と発音する。
イェ	ㅖ	[je]	日本語の「イェ」とほぼ同じ。
	ㅒ	[jɛ]	

・ポイント・ ㅖとㅒ

ㅖは口を小さく開いて「イェ」と発音し，ㅒは口を大きく開いて「イェ」と発音する，とされます。しかし，この区別も，だんだんなくなりつつあります。ですから，どちらも日本語の「イェ」と同じように発音してかまいません。ただし，書くときには区別しますので，注意してください。

練習 ① 次の半母音[j]+単母音を発音しながら，丁寧に書いてみましょう。

（最初の子音がない場合は、子音がないことを表す。○を付けて書きます。）

야 (ヤ)	야					
유 (ユ)	유					
요 (ヨ)	요					
여 (ヨ)	여					
예 (イェ)	예					
애 (イェ)	애					

・ポイント・ 中声字母の成り立ち（1）

もともと，ㅔはㅓとㅣが合わさったもので，ㅐはㅏとㅣが合わさったものでした。

・ポイント・ 中声字母の並び方（基本）

辞書などでは，以下の順序を基本にして単語が並んでいます。

ㅏ ㅑ ㅓ ㅕ ㅗ ㅛ ㅜ ㅠ ㅡ ㅣ

IV 中声（3）半母音［w］＋単母音

韓国語にも日本語の「ワ」のように半母音[w]と単母音が結びついた音があります。

	字母	発音記号	発 音
ワ	ᅪ	[wa]	日本語の「ワ」とほぼ同じ。
ウィ	ᅱ	[wi]	日本語の「ウィ」とほぼ同じ。
ウェ	ᅰ	[we]	日本語の「ウェ」とほぼ同じ。
	ᅫ	[wɛ]	
	ᅬ	[ø]	
ウォ	ᅯ	[wɔ]	日本語の「ウォ」とほぼ同じ。

・ポイント・　ᅰ・ᅫ・ᅬ

ᅰは口を小さめに開いて「ウェ」と発音し，ᅫは口を大きめに開いて「ウェ」と発音する，とされます。また，ᅬは口を丸く突き出したまま動かさずに「ウェ」と発音するのが原則ですが，ᅰのように発音してもよい，とされます。
実際はこれらも発音の区別はほぼなくなっていて，「ウェ」と発音すれば大丈夫です。ただし，書くときは区別しますので，注意してください。

練習 ① 次の半母音[w]+単母音を発音しながら，丁寧に書いてみましょう。

1-4

（最初の子音がない場合は，子音がないことを表す○を付けて書きます。）

와 (ワ)	와						
위 (ウィ)	위						
웨 (ウェ)	웨						
왜 (ウェ)	왜						
외 (ウェ)	외						
워 (ウォ)	워						

・ポイント・　中声字母の成り立ち（2）

ㅘはㅗとㅏ，ㅙはㅗとㅐ，ㅚはㅗとㅣが，それぞれ合わさったものです。また，ㅟはㅜとㅣ，ㅞはㅜとㅔ，ㅝはㅜとㅓが，それぞれ，合わさったものです。
ほとんどの組み合わせにおいて，それぞれの字母を素早く読むと似たような発音になります。

V 中声（4） 二重母音

一[ɯ]と ㅣ[i]が組み合わさった二重母音ㅢ[ɯi]があります。

	字母	発音記号	発 音
ウイ	ㅢ	[ɯi]	一[ɯ]と ㅣ[i]を素早く発音する。

練習 ① 次の二重母音を発音しながら, 丁寧に書いてみましょう。

（最初の子音がない場合は, 子音がないことを表す○を付けて書きます。）

의 (ウイ)	의						

・ポイント・ 의の発音

位置や意味によって, 의は次の3通りに発音されます。

① 語頭で [ɯi] 例：의외 [ɯi ø] 意外

② 語頭以外で [i] 例：예의 [je i] 礼儀

③「～の」の意味で [e] 例：아이의 우유 [ai e uju] 子どもの牛乳

・ポイント・ 中声字母の並び方 (全体)

辞書などでは, 以下の順序で単語が並んでいます。

ㅏ ㅐ ㅑ ㅒ ㅓ ㅔ ㅕ ㅖ ㅗ ㅘ ㅙ ㅚ
ㅛ ㅜ ㅝ ㅞ ㅟ ㅠ ㅡ ㅢ ㅣ

練習 ② 次の単語や文を発音しながら, 丁寧に書いてみましょう。

(1) 아이 　子ども 　＿＿＿＿＿＿ 　＿＿＿＿＿＿ 　＿＿＿＿＿＿

(2) 우유 　牛乳 　＿＿＿＿＿＿ 　＿＿＿＿＿＿ 　＿＿＿＿＿＿

(3) 이유 　理由 　＿＿＿＿＿＿ 　＿＿＿＿＿＿ 　＿＿＿＿＿＿

(4) 위 　上 　＿＿＿＿＿＿ 　＿＿＿＿＿＿ 　＿＿＿＿＿＿

(5) 왜 　なぜ 　＿＿＿＿＿＿ 　＿＿＿＿＿＿ 　＿＿＿＿＿＿

(6) 의외 　意外 　＿＿＿＿＿＿ 　＿＿＿＿＿＿ 　＿＿＿＿＿＿

(7) 예의 　礼儀 　＿＿＿＿＿＿ 　＿＿＿＿＿＿ 　＿＿＿＿＿＿

(8) 와요. 　来ます。 　＿＿＿＿＿＿ 　＿＿＿＿＿＿ 　＿＿＿＿＿＿

(9) 외워요. 　覚えます。 　＿＿＿＿＿＿ 　＿＿＿＿＿＿ 　＿＿＿＿＿＿

(10) 위예요. 　上です。 　＿＿＿＿＿＿ 　＿＿＿＿＿＿ 　＿＿＿＿＿＿

ちょこっと予習！

母音終わりの体言	-예요.	平叙形：〜です
	-예요?	疑問形：〜ですか

★体言と -예요（〜です）・-예요？（〜ですか）は付けて書きます。

★-예요と書いて / 에요 / と発音してもかまいません。

★疑問形の場合は, 文末を上げて発音します。

（詳しくは 01- A 参照）

VI 初声（1） ㅁ [m] ・ ㄴ [n]

この課では，初声字母ㅁ[m]・ㄴ[n]を学びます。

字母	発音記号	発音
ㅁ	[m]	日本語のマ行の子音とほぼ同じ。
ㄴ	[n]	日本語のナ行の子音とほぼ同じ。

1-7

練習 ① 子音と単母音を組み合わせて，発音しながら，丁寧に書いてみましょう。

	ㅏ[a]	ㅣ[i]	ㅜ[u]	ㅡ[ɯ]	ㅔ[e]	ㅐ[ɛ]	ㅗ[o]	ㅓ[ɔ]
ㅁ [m]	마 (マ)	미 (ミ)	무 (ム)	므 (ム)	메 (メ)	매 (メ)	모 (モ)	머 (モ)
ㄴ [n]	나 (ナ)	니 (ニ)	누 (ヌ)	느 (ヌ)	네 (ネ)	내 (ネ)	노 (ノ)	너 (ノ)

練習 ② 次の単語や文を発音しながら，丁寧に書いてみましょう。

(1) 나　　私, 僕　　＿＿＿＿＿＿　＿＿＿＿＿＿　＿＿＿＿＿＿

(2) 뭐　　何　　＿＿＿＿＿＿　＿＿＿＿＿＿　＿＿＿＿＿＿

(3) 네　　はい, ええ　　＿＿＿＿＿＿　＿＿＿＿＿＿　＿＿＿＿＿＿

(4) 아뇨　　いいえ　　＿＿＿＿＿＿　＿＿＿＿＿＿　＿＿＿＿＿＿

(5) 나이　　年齢　　＿＿＿＿＿＿　＿＿＿＿＿＿　＿＿＿＿＿＿

(6) 나무　　木　　＿＿＿＿＿＿　＿＿＿＿＿＿　＿＿＿＿＿＿

(7) 너무　　すごく　　＿＿＿＿＿＿　＿＿＿＿＿＿　＿＿＿＿＿＿

(8) 아마　　たぶん　　＿＿＿＿＿＿　＿＿＿＿＿＿　＿＿＿＿＿＿

(9) 의미　　意味　　＿＿＿＿＿＿　＿＿＿＿＿＿　＿＿＿＿＿＿

(10) 메모　　メモ　　＿＿＿＿＿＿　＿＿＿＿＿＿　＿＿＿＿＿＿

(11) 누나　　（弟から見て）姉　　＿＿＿＿＿＿　＿＿＿＿＿＿　＿＿＿＿＿＿

(12) 어머니　　母　　＿＿＿＿＿＿　＿＿＿＿＿＿　＿＿＿＿＿＿

(13) 뭐예요?　　何ですか。　　＿＿＿＿＿＿　＿＿＿＿＿＿　＿＿＿＿＿＿

(14) 아니에요.　　違います。　　＿＿＿＿＿＿　＿＿＿＿＿＿　＿＿＿＿＿＿

(15) 매워요.　　辛いです。　　＿＿＿＿＿＿　＿＿＿＿＿＿　＿＿＿＿＿＿

VII 初声（2）ㄹ [r]・ㅎ [h]

この課では，初声字母ㄹ [r]・ㅎ [h] を学びます。

字母	発音記号	発 音
ㄹ	[r]	日本語のラ行の子音とほぼ同じ。
ㅎ	[h]	ハ行の子音とほぼ同じ。

1-9

練習 ① 子音と単母音を組み合わせて，発音しながら，丁寧に書いてみましょう。

	ㅏ[a]	ㅣ[i]	ㅜ[u]	ㅡ[ɯ]	ㅔ[e]	ㅐ[ɛ]	ㅗ[o]	ㅓ[ɔ]
ㄹ [r]	라 (ラ)	리 (リ)	루 (ル)	르 (ル)	레 (レ)	래 (レ)	로 (ロ)	러 (ロ)
ㅎ [h]	하 (ハ)	히 (ヒ)	후 (フ)	흐 (フ)	혜 (ヘ)	해 (ヘ)	호 (ホ)	허 (ホ)

練習 ② 次の単語や文を発音しながら, 丁寧に書いてみましょう。

(1) 해　　太陽　　＿＿＿＿＿＿　＿＿＿＿＿＿　＿＿＿＿＿＿

(2) 우리　　私たち　　＿＿＿＿＿＿　＿＿＿＿＿＿　＿＿＿＿＿＿

(3) 나라　　国　　＿＿＿＿＿＿　＿＿＿＿＿＿　＿＿＿＿＿＿

(4) 아래　　下　　＿＿＿＿＿＿　＿＿＿＿＿＿　＿＿＿＿＿＿

(5) 머리　　頭　　＿＿＿＿＿＿　＿＿＿＿＿＿　＿＿＿＿＿＿

(6) 노래　　歌　　＿＿＿＿＿＿　＿＿＿＿＿＿　＿＿＿＿＿＿

(7) 요리　　料理　　＿＿＿＿＿＿　＿＿＿＿＿＿　＿＿＿＿＿＿

(8) 하나　　一つ　　＿＿＿＿＿＿　＿＿＿＿＿＿　＿＿＿＿＿＿

(9) 하루　　一日　　＿＿＿＿＿＿　＿＿＿＿＿＿　＿＿＿＿＿＿

(10) 회의　　会議　　＿＿＿＿＿＿　＿＿＿＿＿＿　＿＿＿＿＿＿

(11) 해외　　海外　　＿＿＿＿＿＿　＿＿＿＿＿＿　＿＿＿＿＿＿

(12) 내려요.　　降ります。　　＿＿＿＿＿＿　＿＿＿＿＿＿　＿＿＿＿＿＿

(13) 어려워요.　難しいです。　＿＿＿＿＿＿　＿＿＿＿＿＿　＿＿＿＿＿＿

(14) 노래해요.　歌います。　　＿＿＿＿＿＿　＿＿＿＿＿＿　＿＿＿＿＿＿

(15) 요리해요.　料理します。　＿＿＿＿＿＿　＿＿＿＿＿＿　＿＿＿＿＿＿

VIII 初声 (3) 平音

平音（へいおん）とは強い息を伴わない音で, 初声字母は次の5つです。

字母	語頭		語中	
	発音記号	発音	発音記号	発音
ㅂ	[p]	パ行の子音とほぼ同じ。	[b]	バ行の子音とほぼ同じ。
ㄷ	[t]	タ・テ・トの子音とほぼ同じ。	[d]	ダ・デ・ドの子音とほぼ同じ。
ㄱ	[k]	カ行の子音とほぼ同じ。	[g]	ガ行の子音とほぼ同じ。
ㅈ	[tʃ]	チャ行の子音とほぼ同じ。	[ʤ]	ジャ行の子音とほぼ同じ。
ㅅ	[s]	サ行の子音とほぼ同じ。[i][wi][j] の前では [s] ではなく [ʃ] と発音する。		

有声音化 (濁音化)

ㅂ[p/b]・ㄷ[t/d]・ㄱ[k/g]・ㅈ[tʃ/ʤ]は, 語頭では清音・半濁音の子音のような無声音ですが, 語中では濁音の子音のような有声音になります。

부부 [pubu] 夫婦   **고기** [kogi] 肉

ㅅ[s,ʃ]は, 語頭でも語中でも濁ることはありません。「ザジズゼゾ」にはならないので注意しましょう。

사회 [sahø] 社会   **회사** [høsa] 会社

練習 ① 子音と単母音を組み合わせて, 発音しながら, 丁寧に書いてみましょう。

	ㅏ[a]	ㅣ[i]	ㅜ[u]	ㅡ[ɯ]	ㅔ[e]	ㅐ[ɛ]	ㅗ[o]	ㅓ[ɔ]
ㅂ [p]	바 (パ)	비 (ピ)	부 (プ)	브 (プ)	베 (ペ)	배 (ペ)	보 (ポ)	버 (ポ)
ㄷ [t]	다 (タ)	디 (ティ)	두 (トゥ)	드 (トゥ)	데 (テ)	대 (テ)	도 (ト)	더 (ト)
ㄱ [k]	가 (カ)	기 (キ)	구 (ク)	그 (ク)	게 (ケ)	개 (ケ)	고 (コ)	거 (コ)
ㅈ [tʃ]	자 (チャ)	지 (チ)	주 (チュ)	즈 (チュ)	제 (チェ)	재 (チェ)	조 (チョ)	저 (チョ)
ㅅ [s]	사 (サ)	시 (シ)	수 (ス)	스 (ス)	세 (セ)	새 (セ)	소 (ソ)	서 (ソ)

IX 初声 (4) 激音

激音とは強い息を伴う音で，語頭でも語中でも濁りません。初声字母は次の4つです。

字母	発音記号	発 音
ㅍ	[pʰ]	パ行の子音とほぼ同じだが，強い息を伴う。
ㅌ	[tʰ]	タ・テ・トの子音とほぼ同じだが，強い息を伴う。
ㅋ	[kʰ]	カ行の子音とほぼ同じだが，強い息を伴う。
ㅊ	[tʃʰ]	チャ行の子音とほぼ同じだが，強い息を伴う。

練習 ① 子音と単母音を組み合わせて，発音しながら，丁寧に書いてみましょう。

	ト[a]	l [i]	⊤[u]	ー[ɯ]	ᅦ[e]	ᅢ[ɛ]	⊥[o]	ᅥ[ɔ]
ㅍ [pʰ]	파 (パ)	피 (ピ)	푸 (プ)	프 (プ)	페 (ペ)	패 (ペ)	포 (ポ)	퍼 (ポ)
ㅌ [tʰ]	타 (タ)	티 (ティ)	투 (トゥ)	트 (トゥ)	테 (テ)	태 (テ)	토 (ト)	터 (ト)
ㅋ [kʰ]	카 (カ)	키 (キ)	쿠 (ク)	크 (ク)	케 (ケ)	캐 (ケ)	코 (コ)	커 (コ)
ㅊ [tɕʰ]	차 (チャ)	치 (チ)	추 (チュ)	츠 (チュ)	체 (チェ)	채 (チェ)	초 (チョ)	처 (チョ)

X 初声（5）濃音

濃音とはほとんど息を伴わず喉を緊張させて出す音で，語頭でも語中でも濁りません。初声字母は次の5つです。平音の字母を横に2つ並べて書きます。

字母	発音記号	発　音
ㅃ	[ˀp]	パ行の音を喉を緊張させて発音する。 例えば，빠は「はっぱ（葉っぱ）」の「っぱ」に似た音。
ㄸ	[ˀt]	タ・テ・トの音を喉を緊張させて発音する。 例えば，따は「あった」の「った」に似た音。
ㄲ	[ˀk]	カ行の音を喉を緊張させて発音する。 例えば，까は「まっか（真っ赤）」の「っか」に似た音。
ㅉ	[ˀtʃ]	チャ行の音を喉を緊張させて発音する。 例えば，짜は「まっちゃ（抹茶）」の「っちゃ」に似た音。
ㅆ	[ˀs]	サ行の音を喉を緊張させて発音する。 例えば，싸は「さっさ（と）」の「っさ」に似た音。 [i][wi][j] の前では [ˀs] ではなく [ˀʃ] と発音する。

・ポイント・ 濃音の発音のコツ

それぞれの音の前に促音(つまる音)の「ッ」があるつもりで発音すると，濃音のようになります。また，2音節目以降に濃音があるときは，促音(つまる音)の「ッ」を入れて発音すれば，あまり意識しなくても大丈夫です。

練習① 子音と単母音を組み合わせて, 発音しながら, 丁寧に書いてみましょう。

	ト[a]	l [i]	ㅜ[u]	ー[ɯ]	ㅔ[e]	ㅐ[ɛ]	ㅗ[o]	ㅓ[ɔ]
ㅃ [ˀp]	빠 (パ)	삐 (ピ)	뿌 (プ)	쁘 (プ)	뻬 (ペ)	빼 (ペ)	뽀 (ポ)	뻐 (ポ)
ㄸ [ˀt]	따 (タ)	띠 (ティ)	뚜 (トゥ)	뜨 (トゥ)	떼 (テ)	때 (テ)	또 (ト)	떠 (ト)
ㄲ [ˀk]	까 (カ)	끼 (キ)	꾸 (ク)	끄 (ク)	께 (ケ)	깨 (ケ)	꼬 (コ)	꺼 (コ)
ㅉ [ˀtʃ]	짜 (チャ)	찌 (チ)	쭈 (チュ)	쯔 (チュ)	쩨 (チェ)	째 (チェ)	쪼 (チョ)	쩌 (チョ)
ㅆ [ˀs]	싸 (サ)	씨 (シ)	쑤 (ス)	쓰 (ス)	쎄 (セ)	쌔 (セ)	쏘 (ソ)	써 (ソ)

XI 初声（6）平音・激音・濃音

平音・激音・濃音の区別は難しいですが，きちんと区別できるようにならなくてはいけません。しっかり練習しましょう。

練習 ① 次の単語を発音しながら，丁寧に書いてみましょう。

(1) 저　　　私 (わたくし)　_____　_____　_____

(2) 차　　　茶　_____　_____　_____

(3) 코　　　鼻　_____　_____　_____

(4) 표　　　切符, チケット　_____　_____　_____

(5) 때　　　とき　_____　_____　_____

(6) 배　　　おなか　_____　_____　_____

(7) 뒤　　　うしろ　_____　_____　_____

(8) 오빠　　(妹から見て)兄　_____　_____　_____

(9) 노트　　ノート　_____　_____　_____

(10) 찌개　　鍋物　_____　_____　_____

(11) 아까　　さっき　_____　_____　_____

(12) 이야기　話　_____　_____　_____

(13) 아버지　父　_____　_____　_____

(14) 아저씨　おじさん　_____　_____　_____

(15) 스포츠　スポーツ　_____　_____　_____

練習 ② 次の文を発音しながら，丁寧に書いてみましょう。

(1) 싸요.　　　　(値段が) 安いです。　　_____

(2) 비싸요.　　　(値段が) 高いです。　　_____

(3) 어때요?　　　どうですか。　　　　　_____

(4) 기뻐요.　　　うれしいです。　　　　_____

(5) 예뻐요.　　　かわいいです。　　　　_____

(6) 추워요.　　　寒いです。　　　　　　_____

(7) 고마워요.　　ありがとうございます。_____

(8) 어디세요?　　どこですか。　　　　　_____

(9) 기다리세요.　お待ちください。　　　_____

(10) 키가 커요.　背が高いです。　　　　_____

(11) 이거 주세요.　これ，ください。　　_____

(12) 아주 쉬워요.　とても簡単です。　　_____

(13) 배가 고파요.　おなかがすきました。_____

(14) 머리가 아파요.　頭が痛いです。　　_____

(15) 가르쳐 주세요.　教えてください。　_____

XII 終声（1） ㄹ [l]

終声字母の位置には初声字母と同じ字母が来ます。したがって，ここからは，新しい字母は出てきません。

この課では，終声字母ㄹ[l]を学びます。

字母	発音記号	発音
ㄹ	[l]	舌先を上の歯茎の裏側にしっかり付けて発音する。

例えば，알を発音してみましょう。

字母	発音のこつ
알	「ある」の最後の母音「u」を発音せず，舌先を上の歯茎の裏に付けたまま，すぐに離さないこと。

1-16

⊙ 練習 ① 単母音と子音を組み合わせて書き，発音してみましょう。

	아 [a]	이 [i]	우 [u]	으 [ɯ]	에 [e]	애 [ɛ]	오 [o]	어 [ɔ]
ㄹ [l]	알							

📄 連音化

終声字母の付いている文字の後に初声子音のない（ㅇの表記で始まる）文字が来ると，前の文字の終声字母は次の音節の初声として発音されます。

表記　　　　　　　　　　発音
할아버지　　⇒　　/하라버지/
おじいさん

xxxiv

練習 ② 次の単語や文を発音しながら, 丁寧に書いてみましょう。

(1) 물　　水　　＿＿＿＿＿＿＿　＿＿＿＿＿＿＿

(2) 말　　言葉　＿＿＿＿＿＿＿　＿＿＿＿＿＿＿

(3) 발　　足　　＿＿＿＿＿＿＿　＿＿＿＿＿＿＿

(4) 팔　　腕　　＿＿＿＿＿＿＿　＿＿＿＿＿＿＿

(5) 일　　1. 仕事　＿＿＿＿＿＿＿　＿＿＿＿＿＿＿

(6) 얼굴　顔　　＿＿＿＿＿＿＿　＿＿＿＿＿＿＿

(7) 날씨　天気　＿＿＿＿＿＿＿　＿＿＿＿＿＿＿

(8) 교실　教室　＿＿＿＿＿＿＿　＿＿＿＿＿＿＿

(9) 빨리　速く　＿＿＿＿＿＿＿　＿＿＿＿＿＿＿

(10) 알아요?　知っていますか。＿＿＿＿＿＿＿＿＿＿＿

(11) 잘 몰라요.　よく知りません。＿＿＿＿＿＿＿＿＿＿＿

(12) 일요일이에요.　日曜日です。＿＿＿＿＿＿＿＿＿＿＿

ちょこっと予習！

子音終わりの体言	-이에요.	平叙形：〜です
	-이에요?	疑問形：〜ですか

★体言と-이에요(〜です)・-이에요?(〜ですか)は付けて書きます。

★疑問形の場合は, 文末を上げて発音します。

（詳しくは01-A 参照）

XⅢ 終声（2）ㅁ[m]・ㄴ[n]・ㅇ[ŋ]

　この課では，終声字母ㅁ[m]・ㄴ[n]・ㅇ[ŋ]を学びます。ㅇは，初声字母としては子音がないことを表しますが，終声字母としては[ŋ]の音を表します。

　これらはすべて，日本語母語話者には「ン」のように聞こえることがありますが，韓国語ではまったく異なる音ですので，しっかり区別しましょう。

字母	発音記号	発音
ㅁ	[m]	唇をしっかり閉じて，鼻から息を抜きながら発音する。
ㄴ	[n]	舌先を上の歯の裏側にしっかり付けて，鼻から息を抜きながら発音する。
ㅇ	[ŋ]	舌の根元を上あごの柔らかい部分にしっかり付けて，鼻から息を抜きながら発音する。

　例えば，암・안・앙を発音してみましょう。

字母	発音のこつ
암	「あんまん」の「あん」のように発音する。唇を閉じたままにすること。
안	「あんない（案内)」の「あん」のように発音する。
앙	「あんこ」の「あん」のように発音する。

練習 ① 単母音と子音を組み合わせて書き, 発音してみましょう。

	아 [a]	이 [i]	우 [u]	으 [ɯ]	에 [e]	애 [ɛ]	오 [o]	어 [ɔ]
ㅁ [m]	암							
ㄴ [n]	안							
ㅇ [ŋ]	앙							

練習 ② 次の単語を発音しながら, 丁寧に書いてみましょう。

(1) 방　　　　部屋　　　　_____　　_____

(2) 형　　　　（弟から見て）兄　　_____　　_____

(3) 언니　　　（妹から見て）姉　　_____　　_____

(4) 동생　　　弟, 妹　　_____　　_____

(5) 사람　　　人　　_____　　_____

(6) 사랑　　　愛　　_____　　_____

(7) 친구　　　友だち　　_____　　_____

(8) 일본　　　日本　　_____　　_____

(9) 공부　　　勉強　　_____　　_____

(10) 선생님　　先生　　_____

(11) 단어　　　単語　　_____

(12) 금요일　　金曜日　　_____

XIV 終声（3）[ᵖ]・[ᵗ]・[ᵏ]

この課では，終声[ᵖ]・[ᵗ]・[ᵏ]について学びます。表記上は多くの終声字母が使われますが，発音は3つしかありません。

[ᵖ]・[ᵗ]・[ᵏ]はすべて，日本語母語話者には「ッ」のように聞こえることがありますが，韓国語ではまったく異なる音ですので，しっかり区別しましょう。

字母	発音記号	発音
ㅂ ㅍ	[ᵖ]	唇をしっかり閉じ，息を止めて発音する。
ㄷ ㅌ ㅅ ㅆ ㅈ ㅊ ㅎ	[ᵗ]	舌先を上の歯の裏側にしっかり付け，息を止めて発音する。
ㄱ ㅋ ㄲ	[ᵏ]	舌の根元を上あごの柔らかい部分にしっかり付け，息を止めて発音する。

例えば，압・앋・악を発音してみましょう。

字母	発音のこつ
압	「アッパー」の「アッ」のように発音する。唇を閉じたままにすること。
앋	「あった」の「あっ」のように発音する。
악	「あっか（悪化）」の「あっ」のように発音する。

練習① 単母音と子音を組み合わせて書き, 発音してみましょう。

	아 [a]	이 [i]	우 [u]	으 [ɯ]	에 [e]	애 [ɛ]	오 [o]	어 [ɔ]
ㅂ [ᵖ]	압							
ㄷ [ᵗ]	안							
ㄱ [ᵏ]	악							

練習② 次の単語や文を発音しながら, 丁寧に書いてみましょう。

(1) 밥　　　　ごはん　　　　_____　_____

(2) 앞　　　　前　　　　　　_____　_____

(3) 학교　　　学校　　　　　_____　_____

(4) 학생　　　学生　　　　　_____　_____

(5) 한국　　　韓国　　　　　_____　_____

(6) 맛있어요.　おいしいです。　_____　_____

(7) 재미있어요.　おもしろいです。　_____　_____

濃音化

　[ᵖ]・[ᵗ]・[ᵏ]の後に平音の初声字母が来ると, 平音字母で書かれた音は濃音で発音されます。つまり, この場合, 語中でも濁りません。ただ, 自然にそうなるので, 特に意識しなくても大丈夫です。

表記　　　　　　　　　　発音

학교　⇒　/학꾜/
学校

XV ハングルで書いてみよう

練習 ① 右の表を見ながら，日本の人名や地名をハングルで書いてみましょう。

(1) 佐藤 　　　＿＿＿＿＿＿＿＿＿　　＿＿＿＿＿＿＿＿＿

(2) 鈴木 　　　＿＿＿＿＿＿＿＿＿　　＿＿＿＿＿＿＿＿＿

(3) 高橋 　　　＿＿＿＿＿＿＿＿＿　　＿＿＿＿＿＿＿＿＿

(4) 田中 　　　＿＿＿＿＿＿＿＿＿　　＿＿＿＿＿＿＿＿＿

(5) 伊藤 　　　＿＿＿＿＿＿＿＿＿　　＿＿＿＿＿＿＿＿＿

(6) 山本 　　　＿＿＿＿＿＿＿＿＿　　＿＿＿＿＿＿＿＿＿

(7) 渡辺 　　　＿＿＿＿＿＿＿＿＿　　＿＿＿＿＿＿＿＿＿

(8) 中村 　　　＿＿＿＿＿＿＿＿＿　　＿＿＿＿＿＿＿＿＿

(9) 小林 　　　＿＿＿＿＿＿＿＿＿　　＿＿＿＿＿＿＿＿＿

(10) 加藤 　　　＿＿＿＿＿＿＿＿＿　　＿＿＿＿＿＿＿＿＿

(11) 北海道 　　＿＿＿＿＿＿＿＿＿　　＿＿＿＿＿＿＿＿＿

(12) 仙台 　　　＿＿＿＿＿＿＿＿＿　　＿＿＿＿＿＿＿＿＿

(13) 大阪 　　　＿＿＿＿＿＿＿＿＿　　＿＿＿＿＿＿＿＿＿

(14) 京都 　　　＿＿＿＿＿＿＿＿＿　　＿＿＿＿＿＿＿＿＿

(15) 自分の名前 ＿＿＿＿＿＿＿＿＿　　＿＿＿＿＿＿＿＿＿

日本語のかなとハングル対照表

かな					ハングル 語頭					ハングル 語中・語末				
ア	イ	ウ	エ	オ	아	이	우	에	오					
カ	キ	ク	ケ	コ	가	기	구	게	고	카	키	쿠	케	코
サ	シ	ス	セ	ソ	사	시	스	세	소					
タ	チ	ツ	テ	ト	다	지	쓰	데	도	타	치	쓰	테	토
ナ	ニ	ヌ	ネ	ノ	나	니	누	네	노					
ハ	ヒ	フ	ヘ	ホ	하	히	후	헤	호					
マ	ミ	ム	メ	モ	마	미	무	메	모					
ヤ		ユ		ヨ	야		유		요					
ラ	リ	ル	レ	ロ	라	리	루	레	로					
ワ				ヲ	와					오				
		ン			ㄴ									
ガ	ギ	グ	ゲ	ゴ	가	기	구	게	고					
ザ	ジ	ズ	ゼ	ゾ	자	지	즈	제	조					
ダ	ヂ	ヅ	デ	ド	다	지	즈	데	도					
バ	ビ	ブ	ベ	ボ	바	비	부	베	보					
パ	ピ	プ	ペ	ポ	파	피	푸	페	포					
キャ		キュ		キョ	갸		규		교	캬		큐		쿄
ギャ		ギュ		ギョ	갸		규		교					
シャ		シュ		ショ	샤		슈		쇼					
ジャ		ジュ		ジョ	자		주		조					
チャ		チュ		チョ	자		주		조	차		추		초
ニャ		ニュ		ニョ	냐		뉴		뇨					
ヒャ		ヒュ		ヒョ	햐		휴		효					
ビャ		ビュ		ビョ	뱌		뷰		뵤					
ピャ		ピュ		ピョ	퍄		퓨		표					
ミャ		ミュ		ミョ	먀		뮤		묘					
リャ		リュ		リョ	랴		류		료					

※ 表記細則

- 撥音「ン」はㄴ，促音「ッ」はㅅで表記します。

  例）新宿 신주쿠　　 札幌 삿포로

- 長母音は特に表記しません。

  例）九州 규슈　　 東京 도쿄

01-Ⓐ 안녕하세요?

 空港で
1-22

이하늘 : 안녕하세요?

다나카 : 안녕하세요?

이하늘 : 다나카 씨예요?

다나카 : 네, 다나카예요.

이하늘 : 저는 이하늘이에요.

다나카 : 만나서 반가워요.

日本語訳	
イ・ハヌル	: こんにちは。
田中	: こんにちは。
イ・ハヌル	: 田中さんですか。
田中	: はい, 田中です。
イ・ハヌル	: 私はイ・ハヌルです。
田中	: 会えてうれしいです。

語句・表現

- 안녕하세요? こんにちは
- -이에요/예요 (?) 〜です (か)
- 저 私
- 만나서 会って
- 씨 〜さん
- 네 はい, ええ
- -는 〜は
- 반가워요 うれしいです

1 안녕하세요? おはようございます, こんにちは, こんばんは

韓国語では, 朝昼夜, 時間帯に関係なく, 同じあいさつが使えます。

(1) 안녕하세요?　　　(丁寧なあいさつ)

(2) 안녕하십니까?　　(かしこまった丁寧なあいさつ)

(3) 안녕?　　　　　　(友だち同士のくだけたあいさつ)

練習 ① あいさつを書いて発音してみましょう。

(1) 안녕하세요?　　　(丁寧なあいさつ)

_____　　_____

(2) 안녕하십니까?　　(かしこまった丁寧なあいさつ)

_____　　_____

(3) 안녕?　　　　　　(友だち同士のくだけたあいさつ)

_____　　_____

✔ 別れのあいさつ

別れのあいさつ「さようなら」は状況により言い方が異なります。

	丁寧	かしこまった丁寧	くだけたあいさつ
その場を去る人に	안녕히 가세요.	안녕히 가십시오.	안녕.
その場に残る人に	안녕히 계세요.	안녕히 계십시오.	

2 -이에요/예요　～です

　体言に-이에요または-예요を付けると，「学生です」「友だちです」のような平叙文を作ることができます。疑問文の場合は最後に「?」を付け，イントネーションを上げて発音します。

	平叙形 ～です	疑問形 ～ですか
子音終わりの体言 -이에요	학생이에요 学生です	학생이에요? 学生ですか
母音終わりの体言 -예요	친구예요 友だちです	친구예요? 友だちですか

★ -예요は/에요/と発音してかまいません。

練習 ② 次の語に-이에요/예요を付けて発音してみましょう。

오늘 今日	오늘이에요 今日です	오늘이에요? 今日ですか
(1) 일본 사람 日本人		
(2) 대학생 大学生		
(3) 학교 学校		

3 -은/는 ～は

「～は」にあたる助詞で，使い方も「～は」とほぼ同じです。

	～は
子音終わりの体言 -은	내일은 明日は
母音終わりの体言 -는	저는 私は

練習 ③ 次の語に-은/는を付けて発音してみましょう。

(1) 우리 私たち		(2) 수업 授業	
(3) 어제 昨日		(4) 선생님 先生	
(5) 회사 会社		(6) 한국 韓国	
(7) 한국어 韓国語		(8) 이것 これ	

5

1-23

1. 次の文を日本語に訳してみましょう。

(1) 다나카 씨예요?

(2) 만나서 반가워요.

(3) 안녕히 가세요.

(4) 우리는 친구예요.

(5) 선생님이에요?

2. 次の文を韓国語に訳してみましょう。

(1) こんにちは。

(2) 私は大学生です。

(3) 私たちは日本人です。

(4) 明日は学校ですか。

(5) 韓国語の授業です。 （「〜の」は翻訳不要）

3. 次の質問に韓国語で答えてみましょう。

(1) 이름이 뭐예요? 名前は何ですか？

(2) 집이 어디예요? 家はどこですか？

01-B 다나카 씨는 형제가 있어요?

🔘 1-24
電車の中で

日本語訳
イ・ハヌル ： 田中さんは兄弟がいますか。
田中 　　： はい, 妹がいます。
イ・ハヌル ： 妹は高校生ですか。
田中 　　： いいえ, 中学生です。
ハヌルさんは兄弟がいますか。
イ・ハヌル ： いいえ, 私は兄弟がいません。

이하늘 : 다나카 씨는 형제가 있어요?

다나카 : 네, 여동생이 있어요.

이하늘 : 여동생은 고등학생이에요?

다나카 : 아뇨, 중학생이에요.

　　　　하늘 씨는 형제가 있어요?

이하늘 : 아뇨, 저는 형제가 없어요.

🖊 語句・表現

- 형제 兄弟
- 있어요 (?) います (か)
- 고등학생 高校生
- 중학생 中学生
- -이/가 ～が
- 여동생 妹
- 아뇨 いいえ
- 없어요 (?) いません (か)

🎤 発 音

- 없어요 　/업써요/

1 -이/가 ～が

「～が」にあたる助詞で, 使い方も「～が」とほぼ同じです。

～が	
子音終わりの体言 -이	약속이 約束が
母音終わりの体言 -가	알바가 バイトが

練習 ① 次の語に-이/가を付けて発音してみましょう。

(1) 오빠 (妹から見て) 兄		(2) 형 (弟から見て) 兄	
(3) 언니 (妹から見て) 姉		(4) 누나 (弟から見て) 姉	
(5) 남동생 弟		(6) 동아리 サークル	
(7) 시험 試験		(8) 수업 授業	

2 있어요, 없어요 あります/います, ありません/いません

　韓国語では「あります」と「います」を区別せず 있어요 と言い,「ありません」と「います」せん」を区別せず 없어요 と言います。疑問文の場合は最後に「?」を付け, イントネーションを上げて発音します。

平叙形	疑問形
있어요 あります/います	있어요? ありますか/いますか
없어요 ありません/いません	없어요? ありませんか/いませんか

練習 ② 次の文を韓国語で書いて発音してみましょう。

(1) 試験がありますか。

(2) 田中さんがいます。

(3) 授業はありませんか。

(4) 弟はいません。

3 네, 아뇨　はい, いいえ

　韓国語では「はい」は네,「いいえ」は아뇨と言います。丁寧でかしこまった「はい」に예というのもあります。

　네と예は「?」を付け, イントネーションを上げて発音すると「え?」のように聞き返したりする場合の表現にもなります。

はい	いいえ
네 예	아뇨

★ 아뇨는아니요と書くこともあります。

練習③ 次の質問に韓国語で答えを書いて発音してみましょう。

(1) 오늘 알바가 있어요?　　　今日, バイトがありますか。

(2) 내일 수업이 있어요?　　　明日, 授業がありますか。

(3) 저녁에 약속이 있어요?　　夕方, 約束がありますか。

(4) 일본 사람이에요?　　　日本人ですか。

1-25

1. 次の文を日本語に訳してみましょう。

(1) 언니가 있어요.

(2) 오빠가 있어요?

(3) 형이 없어요.

(4) 누나가 없어요?

(5) 오늘 알바가 있어요?

2. 次の文を韓国語に訳してみましょう。

(1) 今日，約束があります。

(2) 明日，試験がありませんか。

(3) 夕方，サークルがあります。

(4) はい，弟がいます。

(5) いいえ，妹はいません。

3. 次の質問に韓国語で答えてみましょう。

(1) 형제가 있어요? 兄妹がいますか。

(2) 가방 안에 뭐가 있어요? カバンの中に何がありますか。

02-Ⓐ 이 사람은 누구예요?

🔘 **1-26** 写真を見ながら

日 本 語 訳	
イ・ハヌル	この人は誰ですか。
田中	友だちです。
イ・ハヌル	日本人ですか。
田中	いいえ,日本人じゃありません。
イ・ハヌル	どの国の人ですか。
田中	韓国人です。

이하늘 : **이 사람은 누구예요?**

다나카 : **친구예요.**

이하늘 : **일본 사람이에요?**

다나카 : **아뇨, 일본 사람이 아니에요.**

이하늘 : **어느 나라 사람이에요?**

다나카 : **한국 사람이에요.**

✏️ **語句・表現**

- **이** この
- **사람** 人
- **누구** 誰
- **친구** 友だち
- **일본** 日本
- **-이/가 아니에요** 〜ではありません
- **어느** どの
- **나라** 国
- **한국** 韓国

1 이, 그, 저, 어느 この, その, あの, どの

この	その	あの	どの
이	그	저	어느

(1) 이 교실이에요.　この教室です。

(2) 그 사람이에요.　その人です。

(3) 저 식당이에요?　あの食堂ですか。

(4) 어느 나라예요?　どの国ですか。

練習 ① 次の文を韓国語で書いて発音してみましょう。

(1) あの人です。

(2) その国ですか。

(3) この食堂です。

(4) どの教室ですか。

2 누구 誰

誰 (の)	누구

「誰」「誰の」という場合は누구と言います。「誰が」という場合は누가になるので注意しましょう。

(1) 저 사람은 누구예요?　　あの人は誰ですか。

(2) 누구 가방이에요?　　　誰のカバンですか。

(3) 누가 있어요?　　　　　誰がいますか。

練習 ② 次の文を韓国語で書いて発音してみましょう。

사진 写真　　　　　여자 女の人

(1) その写真は誰ですか。

(2) 誰が日本人ですか。

(3) あの女の人は誰ですか。

(4) 誰の友だちですか。

3 -이/가 아니에요　～ではありません

　体言に-이/가を付け, その後に아니에요を続けると, 「韓国人ではありません」「それじゃないです」のような文を作ることができます。疑問文の場合は最後に「?」を付け, イントネーションを上げて発音します。

	平叙形 ～ではありません ～じゃないです	疑問形 ～ではありませんか ～じゃないですか
子音終わりの体言 -이 아니에요	물이 아니에요 水ではありません	물이 아니에요? 水ではありませんか
母音終わりの体言 -가 아니에요	차가 아니에요 お茶ではありません	차가 아니에요? お茶ではありまzせんか

練習 3 次の語に-이/가 아니에요を付けて発音してみましょう。

오늘 今日	오늘이 아니에요 今日ではありません	오늘이 아니에요? 今日ではありませんか
(1) 남자 男の人		
(2) 한국 사람 韓国人		
(3) 휴대폰 携帯電話		

まとめ

1-27

1. 次の文を日本語に訳してみましょう。

(1) 저 식당이에요.

(2) 그 휴대폰이에요.

(3) 어느 나라 사람이에요?

(4) 한국 사람이 아니에요.

(5) 이것은 누구 가방이에요?

2. 次の文を韓国語に訳してみましょう。

(1) この写真です。

(2) どの教室ですか。

(3) あの男の人は誰ですか。

(4) その女の人じゃありませんか。

(5) 今日じゃないんですか。

3. 次の質問に韓国語で答えてみましょう。

(1) 어느 나라 사람이에요? どの国の人ですか。

(2) 좋아하는 연예인이 누구예요? 好きな芸能人は誰ですか。

02-B 기숙사는 어디예요?

 1-28
校内を歩きながら

다나카 : 기숙사는 어디예요?

이하늘 : 저기예요.

다나카 : 저, 기숙사 방에 책상이 있어요?

이하늘 : 네, 있어요.

다나카 : 또 뭐가 있어요?

이하늘 : 침대도 있어요.

日本語訳	
田中	：寮はどこですか。
イ・ハヌル	：あそこです。
田中	：ええと，寮の部屋に 　机がありますか。
イ・ハヌル	：はい，あります。
田中	：ほかに何がありますか。
イ・ハヌル	：ベッドもあります。

語句・表現

- 기숙사 寮
- 어디 どこ，どこか
- 저기 あそこ
- 저 あのう，ええと
- 방 部屋
- -에 ～に
- 책상 机
- 또 また，ほかに
- 뭐 何，何か
- 침대 ベッド
- -도 ～も

1 -에 〜に，-도 〜も

　-에は場所や時間を表す「〜に」にあたる助詞で，使い方も「〜に」とほぼ同じです。-도は何かを付け加えることを表す「〜も」にあたる助詞で，使い方も「〜も」とほぼ同じです。

〜に		
子音/母音終わりの体言 -에	주말에 週末に	회사에 会社に

〜も		
子音/母音終わりの体言 -도	오늘도 今日も	저도 私も

練習 ① 次の語に-에，-도を付けて発音してみましょう。

주말 週末	주말에 週末に	내일 明日	내일도 明日も
(1) 오전 午前		(2) 오후 午後	
(3) 화장실 トイレ		(4) 지금 今	
(5) 식당 食堂		(6) 음식 食べ物	
(7) 학교 学校		(8) 가방 カバン	

2 여기, 거기, 저기, 어디 ここ, そこ, あそこ, どこ

ここ	そこ	あそこ	どこ
여기	거기	저기	어디

(1) 여기가 우리 학교예요.　　ここがうちの学校です。

(2) 거기에 있어요?　　そこにありますか。

(3) 화장실은 저기예요.　　トイレはあそこです。

(4) 기숙사는 어디예요?　　寮はどこですか。

練習 ② 次の文を韓国語で書いて発音してみましょう。

(1) 食堂はどこですか。

(2) そこではありません。

(3) あそこは学校ですか。

(4) ここにいます。

3　뭐　何

何	뭐

(1)　저 건물은 뭐예요?　　　あの建物は何ですか。

(2)　뭐가 있어요?　　　何がありますか。

練習 3 次の文を韓国語で書いて発音してみましょう。

종이 紙	책 本	내일 明日

(1)　この紙は何ですか。

(2)　その本は何ですか。

(3)　明日は何がありますか。

(4)　部屋に何がありますか。

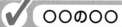

○○の○○

韓国語では基本的に単語を並べるだけでも「○○の○○」という意味になります。

엄마 사진　　　　　　한국어 선생님
お母さんの写真　　　　　韓国語の先生

1-29

1. 次の文を日本語に訳してみましょう。

(1) 교실이 어디예요?

(2) 여기에 책이 있어요.

(3) 저기가 우리 학교예요.

(4) 거기에 침대가 없어요?

(5) 내일도 수업이 없어요.

2. 次の文を韓国語に訳してみましょう。

(1) ここは学校です。

(2) あそこは寮ですか。

(3) そこに何がありますか。

(4) トイレはどこですか。

(5) 机もありません。

3. 次の質問に韓国語で答えてみましょう。

(1) 취미가 뭐예요?　趣味は何ですか。

(2) 교실에 뭐가 있어요?　教室に何がありますか。

03-A 교실은 몇 층이에요?

1-30  図書館で

이하늘 : 오늘 한국어 수업 있어요?

다나카 : 네, 있어요.

이하늘 : 몇 교시예요?

다나카 : ^이2교시예요.

이하늘 : 교실은 몇 층이에요?

다나카 : ^삼3층이에요.

日本語訳	
イ・ハヌル	：今日, 韓国語の授業あり ますか。
田中	：はい, あります。
イ・ハヌル	：何時間目ですか。
田中	：2時間目です。
イ・ハヌル	：教室は何階ですか。
田中	：3階です。

語句・表現

- 오늘 今日
- 한국어 韓国語
- 수업 授業
- 몇 何～
- 교시 ～時間目
- 이 2
- 교실 教室
- 층 ～階
- 삼 3

1 漢字語数詞

1	2	3	4	5
일	이	삼	사	오
6	7	8	9	10
육	칠	팔	구	십
百	千	万	億	
백	천	만	억	

★ 「1万」を表すときには，**일**を付けず，単に**만**と言います。
★ 「0」は本来**영**ですが，電話番号などを伝えるときには普通**공**と言います。
★ 「16，26，36…」の発音は/**심늌, 이심늌, 삼심늌**…/となります。

(1) 17　　　　십칠　　　　(2) 480　　　　사백팔십

(3) 1,500　　　천오백　　　(4) 13,000　　　만 삼천

(5) 21万　　　이십일만　　(6) 6千万　　　육천만

練習 1 次の数字を韓国語（漢字語数詞）で書いて発音してみましょう。

(1) 421　　　　　　　　　　(2) 6,100

(3) 10,000　　　　　　　　　(4) 59,000

(5) 37万　　　　　　　　　　(6) 820万

2 漢字語数詞に付く助数詞

漢字語数詞に付く助数詞には, 次のようなものがあります。

時間目	교시	学期	학기
年生 ねんせい	학년	番	번
階	층	号館	호관
人分, 人前	인분	ページ	페이지
キログラム	킬로그램	センチメートル	센티미터

(1) 3時間目   삼 교시   (2) 4年生   사 학년

(3) 10番   십 번   (4) 7階   칠 층

(5) 210ページ 이백십 페이지 (6) 2人分   이 인분

(7) 60キログラム 육십 킬로그램

練習 ② 次の語句を韓国語で書いて発音してみましょう。

(1) 5時限目   (2) 2学期

(3) 1年生   (4) 100番

(5) 15階   (6) 14号館

(7) 3人分   (8) 680ページ

(9) 47キログラム   (10) 159センチメートル

3 몇 何〜, いくつ

몇は番号や数量を尋ねるときに使います。

何〜, いくつ	몇

(1) **몇 번 버스예요?** 何番のバスですか。

(2) **교실은 몇 층이에요?** 教室は何階ですか。

(3) **발 사이즈는 몇이에요?** 足のサイズはいくつですか。

練習 ③ 次の文を韓国語で書いて発音してみましょう。

키 身長   **고기** 肉

(1) 韓国語は何時間目ですか。

(2) その友だちは何年生ですか。

(3) 身長はいくつですか。

(4) その肉は何人前ですか。

1-31

1. 次の文を日本語に訳してみましょう。

(1) 삼 층이에요?

(2) 이 학기예요.

(3) 몇 인분이에요?

(4) 백칠십오 센티미터예요.

(5) 사십일 킬로그램이에요.

2. 次の文を韓国語に訳してみましょう。

(1) 1年生です。

(2) 690番のバスです。

(3) 18ページにあります。

(4) 教室は何階ですか。

(5) 韓国語の授業は4時限目です。

3. 次の質問に韓国語で答えてみましょう。

(1) 몇 학년이에요?　何年生ですか。

(2) 교실이 몇 층이에요?　教室は何階ですか。

03-B 생일이 언제예요?

教室で

다나카 : 생일이 언제예요?

이하늘 : 9월 14일이에요.
　　　　　　 구　　 십사

　　　　　다나카 씨는요?

다나카 : 제 생일은 12월 7일이에요.
　　　　　　　　　 십이　 칠

이하늘 : 몇 년생이에요?

다나카 : 2005년생이에요.
　　　　　 이 천 오

이하늘 : 저도요.

日本語訳

田中	：誕生日はいつですか。
イ・ハヌル	：9月14日です。田中さんは?
田中	：私の誕生日は12月7日です。
イ・ハヌル	：何年生まれですか。
田中	：2005年です。
イ・ハヌル	：私もです。

語句・表現

- 생일 誕生日
- 일 ～日
- 십이월 12月
- 언제 いつ, いつか
- -요(?) ～です(か)
- 년 ～年
- 구월 9月
- 제 私の
- -생 ～生まれ

発音

- 다나카 씨는요
  /다나카씨는뇨/
- 몇 년생이에요
  /면년생이에요/

27

こ/の/課/の ポ/イ/ン/ト!!

1 年月日

年月日はすべて漢字語数詞 (03-Ⓐ) を使って表しますが, 6月と10月は不規則で유월 (6月), 시월 (10月) と言います。

漢字語数詞	년 年	漢字語数詞	월 月	漢字語数詞	일 日
1月	2月	3月	4月	5月	6月
일월	이월	삼월	사월	오월	유월
7月	8月	9月	10月	11月	12月
칠월	팔월	구월	시월	십일월	십이월

(1) 몇 년이에요? ——— 이천이십이 년이에요.
   何年ですか。　　　　　2022年です。

(2) 몇 월이에요? ——— 오월이에요.
   何月ですか。　　　　　5月です。

(3) 며칠이에요? ——— 칠 일이에요.
   何日ですか。　　　　　7日です。
   「何日」のつづりに注意！

練習 ① 次の年月日を韓国語で書いて発音してみましょう。

(1) 2004年　　　　　　　(2) 2029年

(3) 1月18日　　　　　　(4) 6月6日

(5) 10月20日　　　　　 (6) 12月30日

2 　언제 　いつ

時期や時刻などを尋ねるときには언제を使います。

いつ	언제

(1)　생일이 언제예요?　　　　　誕生日はいつですか。

(2)　축제가 언제 있어요?　　　　お祭りはいつありますか。

(3)　언제 시간 있어요?　　　　　いつ時間ありますか。

★ 日本語では疑問詞疑問文に「～が」を使うと不自然なことがありますが，韓国語では疑問詞疑問文でも-이/가を使うことができます。

練習 ② 次の文を韓国語で書いて発音してみましょう。

　　　　시험 試験　　　　　집 家　　　　　방학 休み

(1)　試験はいつですか。

(2)　いつ家にいますか。

(3)　韓国語の授業はいつありますか。

(4)　休みはいつですか。

3 時間に関することば ①

昨日	今日	明日
어제	오늘	내일

去年	今年	来年
작년	올해	내년

先週	今週	来週
지난주	이번 주	다음 주

先月	今月	来月
지난달	이번 달	다음 달

(1) 오늘이 며칠이에요?　　今日は何日ですか。

(2) 마감은 다음 주예요.　　締め切りは来週です。

(3) 내년 3월이에요.　　来年の3月です。

練習 ③ 次の文を韓国語で書いて発音してみましょう。

(1) 明日はいません。

(2) 今年の11月です。

(3) 今月の20日にあります。

(4) 来週もありますか。

まとめ

1-33

1. 次の文を日本語に訳してみましょう。

(1) 내년이에요?

(2) 방학이 언제예요?

(3) 축제는 다음 주예요.

(4) 유월 삼십일 일이에요.

(5) 천구백팔십칠 년이에요.

2. 次の文を韓国語に訳してみましょう。

(1) 今月です。

(2) 2030年です。

(3) 何月何日ですか。

(4) 試験はいつですか。

(5) 誕生日は10月10日です。

3. 次の質問に韓国語で答えてみましょう。

(1) 몇 년생이에요?　何年生まれですか。

(2) 생일이 몇 월 며칠이에요?　誕生日は何月何日ですか。

04-Ⓐ 남학생도 2명 있어요.

図書館で (1-34)

이하늘 : 기숙사에 일본 학생이 있어요?

다나카 : 네, 있어요.

이하늘 : 몇 명이에요?

다나카 : ^{여섯}6명이에요.

이하늘 : 다 여학생이에요?

다나카 : 아뇨, 남학생도 ^두2명 있어요.

日本語訳
イ・ハヌル：寮に日本の学生がいますか。
田中　　：はい，います。
イ・ハヌル：何人ですか。
田中　　：6人です。
イ・ハヌル：みんな女子学生ですか。
田中　　：いいえ，男子学生も2人います。

✏ **語句・表現**

- 학생 学生
- 다 みんな, すっかり
- 남학생 男子学生
- 명 ～名, ～人
- 여학생 女子学生

🎤 **発音**

- 몇 명이에요　/면명이에요/
- 여섯 명이에요　/여선명이에요/
- 남학생도　/나막쌩도/

1 鼻音化

終声 $[^p]$・$[^t]$・$[^k]$ の後にㄴまたはㅁがあると鼻音化が起こり，$[^p]$ はㅁ，$[^t]$ はㄴ，$[^k]$ はㅇの音になります。発音が変化するだけでつづりは変わりません。

終声字母	初声字母		終声	
$[^p]$ ㅂ, ㅍ, ㅄ			ㅁ	십 만 /심만/ 10万
$[^t]$ ㄷ, ㅌ, ㅅ, ㅆ, ㅈ, ㅊ, ㅎ	+ ㄴ ㅁ	→	ㄴ	못 나가요 /몬나가요/ 出られません
$[^k]$ ㄱ, ㅋ, ㄲ, ㄺ			ㅇ	한국말 /한궁말/ 韓国語

練習 ① 次の文を発音してみましょう。

(1) 감사합니다.　　　　　ありがとうございます。

(2) 몇 명이에요?　　　　何人ですか。

(3) 작년이에요.　　　　　去年です。

(4) 못 먹어요.　　　　　食べられません。

(5) 없는데요.　　　　　ありませんけど。

2 固有語数詞

1	2	3	4	5	6	7	8	9	10	20
하나	둘	셋	넷	다섯	여섯	일곱	여덟	아홉	열	스물
한	두	세	네							스무

★ 直後に助数詞が続くとき，1，2，3，4，20は下段の語形を使います。

★ 여덟の発音は/여덜/です。

★ 30以上は서른(30)，마흔(40)，쉰(50)，예순(60)，일흔(70)，여든(80)，아흔(90)で，100以上は漢字語数詞を使います。

(1) 11　　　열하나　　　　(2) 12　　　열둘

(3) 13　　　열셋　　　　　(4) 14　　　열넷

(5) 29　　　스물아홉

練習 ② 次の数字を韓国語（固有語数詞）で書いて発音してみましょう。

(1) 15　　　　　　　　　(2) 16

(3) 17　　　　　　　　　(4) 18

(5) 19　　　　　　　　　(6) 20

(7) 21　　　　　　　　　(8) 22

(9) 23　　　　　　　　　(10) 24

3 固有語数詞に付く助数詞

固有語数詞に付く助数詞には，次のようなものがあります。

歳	살	名，人	명，사람
個	개	枚	장
杯	잔	本（ビン）	병
冊	권	回，度	번
匹	마리	種類	가지

(1) 몇 살이에요? ——— 스무 살이에요.
何歳ですか。　　　　　20歳です。

(2) 몇 명 있어요? ——— 세 명 있어요.
何人いますか。　　　　3人います。

(3) 어른 두 장 주세요.
大人2枚ください。

練習 ③ 次の語句を韓国語で書いて発音してみましょう。

(1) 19歳 　　　　　　　　(2) 4人

(3) 20個 　　　　　　　　(4) 25枚

(5) 2杯 　　　　　　　　(6) 1本

(7) 7冊 　　　　　　　　(8) 6回

(9) 8匹 　　　　　　　　(10) 3種類

まとめ

1. 次の文を日本語に訳してみましょう。

(1) 몇 개예요?

(2) 일곱 명이에요.

(3) 스물두 살이에요.

(4) 감사합니다.

(5) 종이가 몇 장 있어요?

2. 次の文を韓国語に訳してみましょう。

(1) 何歳ですか。

(2) 18歳です。

(3) 猫が3匹います。 （猫: 고양이）

(4) 男子学生が1名，女子学生が2名です。

(5) 5本ください。

3. 次の質問に韓国語で答えてみましょう。

(1) 몇 살이에요?　何歳ですか。

(2) 학생이 몇 명이에요?　学生は何人ですか。

04-B 이거 얼마예요?

屋台で

	日本語訳
田中	: これ, いくらですか。
店主	: 1人前で2,500ウォンです。
田中	: キムパプは?
店主	: キムパプは3,000ウォンです。
田中	: じゃあ, トッポッキ2人前と キムパプ1つください。
店主	: はい, どうぞ。 8,000ウォンです。

다나카 : 이거 얼마예요?

가게 주인 : 1^일인분에
2,500^{이 천 오 백}원이에요.

다나카 : 김밥은요?

가게 주인 : 김밥은 3,000^{삼 천}원이에요.

다나카 : 그럼 떡볶이 2^이인분하고 김밥 하나 주세요.

가게 주인 : 네, 여기 있어요. 8,000^{팔 천}원이에요.

✏️ 語句·表現

- 이거 これ
- 가게 店
- 원 ウォン
- 그럼 じゃあ
- -하고 ～と
- 얼마 いくら
- 주인 主人
- 김밥 キムパプ
- 떡볶이 トッポッキ
- 주세요 ください

🎤 発音

- 김밥은요 /김빠븐뇨/
- 이 인분하고 /이인부나고/
- 김밥 하나 /김빠파나/

1 이거, 그거, 저거, 어느 거 これ, それ, あれ, どれ

02-Ⓐで学んだ이 (この) , 그 (その) , 저 (あの) , 어느 (どの) に「もの, こと」という意味の거または것を付けると「これ, それ, あれ, どれ」になります。

これ	それ	あれ	どれ
이거	그거	저거	어느 거
이것	그것	저것	어느 것

★ 上段は縮約形で, 話しことばでよく使われます。

(1) **이거** 뭐예요?　　　　　　これ何ですか。

(2) **그것**도 1,000^천원이에요.　　それも1,000ウォンです。

(3) **저것**은 얼마예요?　　　　　あれはいくらですか。

(4) 이 네 개 중 **어느 거**예요?　　この4つのうちどれですか。

練習 ① 次の文を日本語に訳してみましょう。

(1) 이거 하나 주세요.

(2) 저것도 김밥이에요.

(3) 그거 얼마예요?

(4) 다나카 씨 거는 어느 거예요?

2　-하고, -과/와　〜と

「〜と」にあたる助詞で, 使い方も「〜と」とほぼ同じです。-하고は話しことばで, -과/와は書きことばと話しことばで使われます。

～と	子音/母音終わりの体言 -하고	子音終わりの体言 -과	母音終わりの体言 -와
	한국하고 韓国と **저**하고 私と	**한국**과 韓国と	**저**와 私と

練習 ② 次の文を韓国語で書いて発音してみましょう。

형, 오빠 兄　　　　　**누나, 언니** 姉

(1) 授業とバイトがあります。

(2) 兄と姉がいます。

(3) これとそれください。

(4) 今日と明日ですか。

3 -요 ～です

～です	体言など-요

　-요は1, 2単語や1フレーズだけを言うとき, それを丁寧にするために付けます。疑問文は「?」を付け, イントネーションを上げて発音します。

(1)　네? 다시 한번요.　　　え?もう一度 (お願いします)。

(2)　이름은요?　　　　　　名前は (何ですか)。

(3)　왜요?　　　　　　　　どうしてですか。

(4)　이것도요.　　　　　　これもです。

練習 3 次の語に-요, -요?を付けて書いて発音してみましょう。

(1)　1,000원　　　　1,000ウォン
　　　　천

(2)　여기　　　　ここ

(3)　진짜　　　　本当

(4)　동생하고　　弟/妹と

(5)　주말은　　　週末は

 ㄴ添加

終声がある音節の次に야, 이, 유, 예, 애, 여, 요で始まる音節が来ると, ㄴが添加されてそれぞれ/냐, 니, 뉴, 녜, 냬, 녀, 뇨/という発音になります。この発音変化は単語と単語などが結びつく場合にのみ起こります。

　　　다시 한번요　もう一度 (お願いします)。　/다시한번뇨/
　　　무슨 요일　　何曜日　　　　　　　　　/무슨뇨일/

1-37

1. 次の文を日本語に訳してみましょう。

(1) 이거 얼마예요?

(2) 그거 김밥이에요?

(3) 오빠하고 언니가 있어요.

(4) 네, 여기 있어요.

(5) 네? 다시 한번요.

2. 次の文を韓国語に訳してみましょう。

(1) それ, いくらですか。

(2) これは4,000ウォンです。

(3) あれは150円です。 (円: 엔)

(4) トッポッキ2人分ください。

(5) 本当ですか。

3. 次の質問に韓国語で答えてみましょう。

(1) 그 책이 얼마예요?　その本はいくらですか。

(2) 학생 식당에서 제일 싼 것이 얼마예요?
　　学生食堂でいちばん安いのはいくらですか。

05-A 1교시는 몇 시부터예요?

廊下で

다나카 : 1(일)교시는 몇 시부터예요?

이하늘 : 9(아홉)시부터예요.

다나카 : 몇 시까지예요?

이하늘 : 10(열)시까지예요.

다나카 : 오늘은 몇 시까지 수업이 있어요?

이하늘 : 4(네)시까지 있어요.

日本語訳	
田中	：1時間目は何時からですか。
イ・ハヌル	：9時からです。
田中	：何時までですか。
イ・ハヌル	：10時までです。
田中	：今日は何時まで授業がありますか。
イ・ハヌル	：4時まであります。

語句・表現

● 시 ~時   ● -부터 ~から

● -까지 ~まで

発音

● 열 시   /열씨/

1 시 時

時刻を表すとき, 시 (時) には固有語数詞 (04-Ⓐ) を用います。

~時	固有語数詞 + 시

(1) 몇 시예요?
何時ですか。

세 시예요.
3時です

(2) 몇 시에 있어요?
何時にありますか。

일곱 시에 있어요.
7時にあります。

練習 ① 次の時刻を韓国語で書いて発音してみましょう。

(1) 10時

(2) 6時

(3) 4時

(4) 8時

(5) 11時

(6) 12時

2 -부터 ～から

時刻や**時期**を表す語とともに使われる「～から」は，韓国語で-부터と言います。

～から	
子音/母音終わりの体言 -부터	**오전**부터 午前から **어제**부터 昨日から

練習 ② 次の語に-**부터**を付けて発音してみましょう。

(1) **아침** 朝		(2) **올해** 今年	
(3) **오늘** 今日		(4) **모레** 明後日	
(5) **지금** 今		(6) **처음** 最初, 初め	
(7) **작년** 昨年		(8) **여름** 夏	

3 -까지　〜まで

-까지は「〜まで」に当たる助詞で, 使い方も「〜まで」とほぼ同じです。

〜まで
子音/母音終わりの体言 -까지	**거기까지** そこまで **내일까지** 明日まで

練習 ③ 次の文を韓国語で書いて発音してみましょう。

끝 終わり

(1) いつまでですか。

(2) どこまでですか。

(3) 2時から何時までですか。

(4) 初めから終わりまでです。

1. 次の文を日本語に訳してみましょう。

(1) 몇 시부터예요?

(2) 여섯 시부터예요.

(3) 몇 시까지예요?

(4) 아홉 시까지예요.

(5) 작년부터 올해까지예요.

2. 次の文を韓国語に訳してみましょう。

(1) 今, 何時ですか。

(2) 7時です。

(3) 何時から何時までですか。

(4) 8時から5時までです。

(5) 初めから終わりまでです。

3. 次の質問に韓国語で答えてみましょう。

(1) 지금 몇 시예요? 今, 何時ですか。

(2) 보통 몇 시에 일어나요? 普段, 何時に起きますか。

05-B 매일 수업이 있어요?

 電車の中で

	日本語訳
田中	毎日, 授業がありますか。
イ・ハヌル	いいえ, 水曜日はありません。田中さんは?
田中	私は月曜日から金曜日まで毎日あります。
イ・ハヌル	午前の授業は何時から何時までですか。
田中	9時30分から12時までです。

다나카 : 매일 수업이 있어요?

이하늘 : 아뇨, 수요일은 없어요.
　　　　다나카 씨는요?

다나카 : 저는 월요일부터 금요일까지 매일 있어요.

이하늘 : 오전 수업은 몇 시부터 몇 시까지예요?

다나카 : 9시 30분부터 12시까지예요.

語句・表現

● 매일　每日　　● 수요일　水曜日
● 월요일　月曜日　● 금요일　金曜日
● 오전　午前

発音

● 열두 시　　/열뚜시/

1 분 分

時刻を表すとき, 분 (分) には漢字語数詞 (03-Ａ) を用います。

～分	漢字語数詞 ＋ 분

★ 「半」は반と言います。

(1) 몇 분이에요? —— 삼십 분이에요.
何分ですか　　　　　　　　30分です。

(2) 몇 분부터예요? —— 사십 분부터예요.
何分からですか。　　　　　40分からです。

(3) 몇 분까지 있어요? —— 오십오 분까지예요.
何分までありますか。　　　55分までです。

練習 ① 次の時刻を韓国語で書いて発音してみましょう。

(1) 10時10分

(2) 6時20分

(3) 1時50分

(4) 7時40分

2   요일   曜日

月曜日	火曜日	水曜日	木曜日	金曜日	土曜日	日曜日
월요일	화요일	수요일	목요일	금요일	토요일	일요일

(1) 오늘이 무슨 요일이에요?   今日は何曜日ですか。

(2) 이번 주 일요일이에요.   今週の日曜日です。

★ 日本語では疑問詞疑問文に「～が」を使うと不自然なことがありますが，韓国語では疑問詞疑問文でも-이/가を使うことができます。

練習 ② 次の文を韓国語で書いて発音してみましょう。

(1) 土曜日は授業がありません。

(2) 月曜日から金曜日までです。

(3) 火曜日と木曜日にあります。

(4) 来週の何曜日ですか。

3 時間に関することば ②

午前	午後		朝	昼	夕方	夜
오전	오후		아침	낮	저녁	밤

	毎日	毎週	毎月	毎年
	매일	매주	매달	매년

(1) 오후 여덟 시까지예요?　　午後8時までですか。

(2) 저녁부터 알바가 있어요.　　夕方からバイトがあります。

(3) 매주 일요일에 있어요.　　毎週月曜日にあります。

練習 ③ 次の文を韓国語で書いて発音してみましょう。

(1) 毎年9月にあります。

(2) 朝7時からバイトです。

(3) 午前から午後までですか。

(4) 夜にはありません。

✓ 助詞 -에と時間を表す単語

　03-Bの「週」「月」「年」(올해を除く)の単語や上の「毎日」「毎週」「毎月」「毎年」を除く아침 (朝) などの単語が動作が行われる時間を表すときは，日本語で「~に」を付けない場合でも普通-에を付けます。

다음 주에 만나요.　来週会います。　　아침에 빵을 먹어요.　　朝パンを食べます。

이번 달에 가요.　　今月行きます。　　저녁에 학원에 다녀요.　夕方塾に通います。

1-41

1. 次の文を日本語に訳してみましょう。

(1) 오늘이 무슨 요일이에요?

(2) 화요일이에요.

(3) 월요일부터 금요일까지예요.

(4) 아침 여덟 시 오십 분이에요.

(5) 저녁 여섯 시 삼십 분에 있어요.

2. 次の文を韓国語に訳してみましょう。

(1) 何時何分ですか。

(2) 午前10時20分です。

(3) 午後5時半です。

(4) 何曜日ですか。

(5) 毎週日曜日です。

3. 次の質問に韓国語で答えてみましょう。

(1) 오늘이 무슨 요일이에요? 今日は何曜日ですか。

(2) 이 수업은 몇 시 몇 분까지예요? この授業は何時何分までですか。

06-Ⓐ 같이 저녁을 먹어요.

教室で

다나카 : 하늘 씨, 오늘 수업 후에 뭐 해요?

이하늘 : 알바해요.

다나카 : 내일도 알바가 있어요?

이하늘 : 아뇨. 왜요?

다나카 : 같이 저녁을 먹어요.

이하늘 : 네, 좋아요.

日本語訳	
田中	：ハヌルさん, 今日, 授業の後, 何しますか。
イ·ハヌル	：バイトします。
田中	：明日もバイトがありますか。
イ·ハヌル	：いいえ。どうしてですか。
田中	：一緒に夕食を食べましょう。
イ·ハヌル	：ええ, いいですよ。

語句·表現

- 후 後
- 하다 する
- 알바 バイト
- 내일 明日
- 왜 なぜ
- 같이 一緒に
- 저녁 夕方, 夕食
- -을 ～を
- 먹다 食べる
- 좋다 よい

発音

- 수업 후 /수어푸/
- 같이 /가치/
- 좋아요 /조아요/

1 -을/를　〜を

-을/를は「〜を」にあたる助詞で, 使い方も「〜を」とほぼ同じです。

〜を	
子音終わりの体言 -을	저녁을 夕飯を
母音終わりの体言 -를	알바를 バイトを

練習 ① 次の語に-을/를を付けて発音してみましょう。

(1) 공부 勉強		(2) 숙제 宿題	
(3) 책 本		(4) 사진 写真	
(5) 요리 料理		(6) 옷 服	
(7) 밥 ごはん		(8) 김치 キムチ	

2 活用形Ⅲと해요体（子音語幹）

〜です，〜ます	活用形Ⅲ -요

★ 動詞の해요体は「〜しましょう」「〜してください」の意味でも使えます。

　活用形Ⅲに -요を付けると해요体（非過去形）になります。해요体は「です」「ます」に当たる非格式的で柔らかい丁寧な表現です。疑問形は「？」を付け，イントネーションを上げて発音します。

子音語幹用言の活用形Ⅲの作り方

　語幹（基本形から -다を取った形）の最後の**母音**が ㅏ，ㅗ，ㅑ の場合は後ろに -아を付け，それ以外の場合は後ろに -어を付けます。

基本形	語幹	活用形Ⅲ	→	해요体 非過去形
살다 住む	살-	살아	活用形Ⅲに요を付ける	살아요 住みます
먹다 食べる	먹-	먹어		먹어요 食べます

練習② 次の語を**해요体**（非過去形）に変えて発音してみましょう。

基本形	해요体 平叙形	基本形	해요体 疑問形
(1) 좋다 よい		(2) 웃다 笑う	
(3) 찍다 撮る		(4) 멀다 遠い	
(5) 입다 着る		(6) 벗다 脱ぐ	
(7) 앉다 座る		(8) 맛있다 おいしい	
(9) 많다 多い		(10) 읽다 読む	

3 活用形Ⅲと解요체（하다用言）

～です，～ます	活用形Ⅲ -요

★ 動詞の**해요体**は「～しましょう」「～してください」の意味でも使えます。

하다用言の活用形Ⅲの作り方

基本形が하다で終わる用言を하다用言と言いますが，하다用言の活用形Ⅲは不規則で**해**になります。

基本形		語幹	活用形Ⅲ	→	해요体 非過去形	
말하다	言う	말하-	말해	活用形Ⅲに요を付ける	말해요	言います
공부하다	勉強する	공부하-	공부해		공부해요	勉強します

練習 3 次の語を**해요体**（非過去形）に変えて発音してみましょう。

基本形	해요体 平叙形	基本形	해요体 疑問形
(1) 시작하다 始める		(2) 노래하다 歌う	
(3) 전화하다 電話する		(4) 운동하다 運動する	
(5) 부탁하다 頼む		(6) 생각하다 考える	
(7) 잘하다 上手だ		(8) 식사하다 食事する	
(9) 못하다 下手だ		(10) 요리하다 料理する	

まとめ

1. 次の文を日本語に訳してみましょう。

(1) 왜 웃어요?

(2) 집이 멀어요.

(3) 여기에 앉아요.

(4) 어디에 살아요?

(5) 언제 시작해요?

2. 次の文を韓国語に訳してみましょう。

(1) 明日がいいです。

(2) これおいしいですか。

(3) 服を着ます。

(4) 何を食べますか。

(5) 一緒に勉強しましょう。

3. 次の質問に韓国語で答えてみましょう。

(1) 수업 후에 뭐 해요?　授業の後，何しますか。

(2) 보통 아침에 뭐 먹어요?　普段，朝，何を食べますか。

56

06-B 어디에서 만나요?

カフェで
1-44

	日本語訳
イ・ハヌル	普段, 週末に何しますか。
田中	家で休みます。
イ・ハヌル	じゃあ, 日曜日に一緒に 映画見ましょう。
田中	いいですよ。 どこで会いますか。
イ・ハヌル	新村はどうですか。
田中	ええ, 大丈夫です。

이하늘 : 보통 주말에 뭐 해요?

다나카 : 집에서 쉬어요.

이하늘 : 그럼 일요일에 같이 영화 봐요.

다나카 : 좋아요. 어디에서 만나요?

이하늘 : 신촌은 어때요?

다나카 : 네, 괜찮아요.

✏️ **語句・表現**

● 보통 普通, 普段
● 주말 週末
● 집 家
● -에서 ~で, ~から
● 쉬다 休む
● 영화 映画
● 보다 見る
● 만나다 会う
● 신촌 新村
● 어때요? どうですか
● 괜찮다 大丈夫だ

🎤 **発音**

● 괜찮아요 /괜차나요/

57

1 -에서　～で，～から

　-에서は場所を表す「～で」と場所の起点を表す「～から」にあたる助詞で，使い方も「～で」「～から」とほぼ同じです。

～で，～から [場所]	
子音/母音終わりの体言 -에서	병원에서 病院で/から 학교에서 学校で/から

練習 ① 次の語に**-에서**を付けて発音してみましょう。

(1) **한국** 韓国		(2) **일본** 日本	
(3) **호텔** ホテル		(4) **대학** 大学	
(5) **식당** 食堂		(6) **고등학교** 高校	
(7) **회사** 会社		(8) **외국** 外国	

2 活用形Ⅲと해요体（母音語幹 ①）

～です，～ます	活用形Ⅲ -요

★ 動詞の해요体は「～しましょう」「～してください」の意味でも使えます。

母音語幹用言の活用形Ⅲの作り方 ①

語幹（基本形から -다を取った形）の最後の**母音**が ㅏ，ㅓ，ㅕ，ㅐ，ㅔで，**終声**がない場合はそのままで活用形Ⅲです。

基本形	語幹＝活用形Ⅲ	→	해요体 非過去形
가다 行く	가-		가요 行きます
서다 立つ	서-		서요 立ちます
펴다 開く	펴-	活用形Ⅲに	펴요 開きます
내다 出す	내-	요を付ける	내요 出します
세다 数える	세-		세요 数えます

練習 ② 次の語を해요体（非過去形）に変えて発音してみましょう。

基本形	해요 平叙形	基本形	해요体 疑問形
(1) 사다 買う		(2) 켜다 点ける	
(3) 타다 乗る		(4) 끝나다 終わる	
(5) 지내다 過ごす		(6) 보내다 送る	
(7) 비싸다 （値段が）高い		(8) 싸다 安い	
(9) 세다 強い		(10) 건너다 渡る	

3　活用形Ⅲと해요体（母音語幹 ②）

〜です，〜ます	活用形Ⅲ -요

★ 動詞の**해요体**は「〜しましょう」「〜してください」の意味でも使えます。

母音語幹用言の活用形Ⅲの作り方 ②

語幹（基本形から -다を取った形）の最後の**母音**が ㅗ，ㅜ，ㅣ，ㅚで終声がない場合は，語幹に -아または -어を付けてから ㅘ，ㅝ，ㅕ，ㅙに縮約します。**母音が ㅟ，ㅢで終声がない場合は，語幹に -어を付けます。**

基本形		語幹	活用形Ⅲ		해요体 非過去形	
오다	来る	오-	(오아) ⇒ 와		와요	来ます
배우다	習う	배우-	(배우어) ⇒ 배워	→	배워요	習います
마시다	飲む	마시-	(마시어) ⇒ 마셔	活用形Ⅲに요を付ける	마셔요	飲みます
되다	なる	되-	(되어) ⇒ 돼		돼요	なります
쉬다	休む	쉬-	쉬어		쉬어요	休みます
희다	白い	희-	희어		희어요	白いです

練習 ③ 次の語を**해요体**（非過去形）に変えて発音してみましょう。

基本形	해요 平叙形	基本形	해요体 疑問形
(1) 시키다 注文する		(2) 보다 見る	
(3) 주다 あげる・くれる		(4) 다니다 通う	
(5) 나오다 出てくる		(6) 안 되다 だめだ	
(7) 기다리다 待つ		(8) 바뀌다 変わる	

まとめ

1-45

1. 次の文を日本語に訳してみましょう。

(1) 영화를 봐요.

(2) 회사에 다녀요.

(3) 학교에서 만나요.

(4) 일본어를 가르쳐요.

(5) 어디에서 기다려요?

2. 次の文を韓国語に訳してみましょう。

(1) 学校に行きます。

(2) 何時に来ますか。

(3) 本を買います。

(4) その食堂は高いですか。

(5) どこで乗りますか。

3. 次の質問に韓国語で答えてみましょう。

(1) 보통 어디에서 점심을 먹어요?　普段，どこで昼ごはんを食べますか。

(2) 집에서 학교까지 얼마나 걸려요?
家から学校までどれくらいかかりますか。

07-Ⓐ 저는 다나카입니다.

1-46
🔘 韓国語の授業で

	日本語訳
アメリカ人の友人	：こんにちは。
田中	：こんにちは。
	私は田中です。
アメリカ人の友人	：私はライアンです。
	アメリカ人です。
田中	：私は日本人です。
アメリカ人の友人	：趣味は何ですか。
田中	：私の趣味は旅行です。

미국 친구 ： 안녕하십니까?

다나카 ： 안녕하세요?

　　　　　 저는 다나카입니다.

미국 친구 ： 저는 라이언입니다. 미국 사람입니다.

다나카 ： 저는 일본 사람입니다.

미국 친구 ： 취미는 무엇입니까?

다나카 ： 제 취미는 여행입니다.

語句・表現

- 미국 アメリカ
- 취미 趣味
- -입니까? ～ですか
- -입니다 ～です
- 무엇 何
- 여행 旅行

発音

- 안녕하십니까?　/안녕하심니까/
- -입니다　/임니다/
- -입니까　/임니까/

1 -입니다 ～です

体言に-입니다を付けると,「学生です」「友だちです」のような平叙形を作ることができます。疑問形の場合は-입니까?を付け, イントネーションを上げて発音します。

	平叙形 ～です	疑問形 ～ですか
子音/母音終わりの体言 -입니다	학생입니다 学生です	학생입니까? 学生ですか
子音/母音終わりの体言 -입니까?	친구입니다 友だちです	친구입니까? 友だちですか

練習 ① 次の語に-입니다, -입니까?を付けて発音してみましょう。

오늘 今日	오늘입니다 今日です	오늘입니까? 今日ですか
(1) 처음 初めて		
(2) 대학생 大学生		
(3) 음악 감상 音楽鑑賞		

✓ 해요体と합니다体

-입니다/입니까は01-Ⓐで学んだ해요体の-이에요/예요の합니다体です。意味は-이에요/예요と同じで日本語では訳し分けられませんが, -입니다/입니까の方がかたく, フォーマルな印象を与えます。次ページの아닙니다/아닙니까도아니에요の합니다体です。

（합니다体は07-Ⓑも参照）

2　-이/가 아닙니다　～ではありません

　体言に-이/가を付け, その後に아닙니다を続けると, 「韓国人ではありません」「それじゃないです」のような文を作ることができます。疑問形の場合は아닙니까?を続け, イントネーションを上げて発音します。-이/가 아니에요の합니다体です。

	平叙形 ～ではありません ～じゃないです	疑問形 ～ではありませんか ～じゃないですか
子音終わりの体言 -이 아닙니다	학생이 아닙니다 学生ではありません	학생이 아닙니까? 学生ではありませんか
母音終わりの体言 -가 아닙니까?	친구가 아닙니다 友だちではありません	친구가 아닙니까? 友だちではありませんか

練習 ② 次の語に-이/가 아닙니다, 아닙니까?を付けて発音してみましょう。

오늘 今日	오늘이 아닙니다 今日ではありません	오늘이 아닙니까? 今日ではありませんか
(1) 내일 明日		
(2) 거짓말 嘘		
(3) 여기 ここ		

3　저　私

　韓国語で「私」は저ですが，「私の」という場合は저のままではなく제 (私の) という形に変わります。また，「私が」という場合は제가と言います。

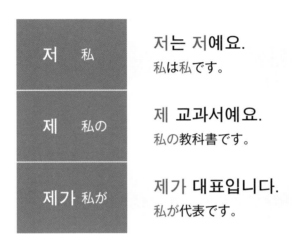

저　私	저는 저예요. 私は私です。
제　私の	제 교과서예요. 私の教科書です。
제가 私が	제가 대표입니다. 私が代表です。

練習 ③ 次の文を韓国語で書いて発音してみましょう。

(1) 私も学生です。

(2) 私の趣味です。

(3) 私が行きます。

(4) 明日が私の誕生日です。

1. 次の文を日本語に訳してみましょう。

(1) 취미는 여행입니다.

(2) 한국어 숙제입니다.

(3) 그것도 김치입니까?

(4) 거짓말이 아닙니다.

(5) 제 교과서가 아닙니까?

2. 次の文を韓国語に訳してみましょう。（합니다体で）

(1) 趣味は何ですか。

(2) 音楽鑑賞です。

(3) 私の友だちです。

(4) 私は韓国人ではありません。

(5) 私が代表です。

3. 次の質問に韓国語で答えてみましょう。

(1) 대학생입니까?　大学生ですか。

(2) 이건 중국어 교과서입니까?　これは中国語の教科書ですか。

07-B 저는 학생 식당에서 먹습니다.

1-48 韓国語の授業で

日本語訳

先生：昼ごはんはどこで食べますか。
田中：私は学生食堂で食べます。
先生：学生食堂はメニューが多いですか。
田中：ええ，多いです。
先生：何がいちばんおいしいですか。
田中：キムチチゲがいちばんおいしいです。

선생님 : 점심은 어디에서 먹어요?

다나카 : 저는 학생 식당에서 먹습니다.

선생님 : 학생 식당은 메뉴가 많아요?

다나카 : 네, 많습니다.

선생님 : 뭐가 제일 맛있어요?

다나카 : 김치찌개가 제일 맛있습니다.

✏️ **語句・表現**

● 선생님 先生　　● 점심 昼食
● 식당 食堂　　● 메뉴 メニュー
● 많다 多い　　● 제일 いちばん
● 맛있다 おいしい　● 김치찌개 キムチチゲ

🎤 **発 音**

● 먹습니다　/먹씀니다/
● 많아요　　/마나요/
● 많습니다　/만씀니다/
● 맛있습니다　/마신씀니다/

67

こ/の/課/の ポ/イ/ン/ト!!

1 活用形Ⅰと합니다体（子音語幹）

子音語幹用言の活用形Ⅰに-습니다を付けると합니다体（非過去形）になります。합니다体は「です」「ます」に当たる格式的でかたい丁寧な表現です。疑問形は活用形Ⅰに-습니까?を付け，イントネーションを上げて発音します。

平叙形 〜です，〜ます	疑問形 〜ですか，〜ますか
活用形Ⅰ-습니다	活用形Ⅰ-습니까?

活用形Ⅰと합니다体の作り方（子音語幹）

活用形Ⅰは基本形から-다を取った形です。

基本形	活用形Ⅰ	→	합니다体 非過去形
좋다 よい	좋-	活用形Ⅰに 습니다を付ける	좋습니다 いいです
입다 着る	입-		입습니다 着ます

練習 ① 次の語を합니다体（非過去形）に変えて発音してみましょう。

基本形	합니다体 平叙形	基本形	합니다体 疑問形
(1) 많다 多い		(2) 어떻다 どうだ	
(3) 먹다 食べる		(4) 괜찮다 大丈夫だ	
(5) 고맙다 ありがたい		(6) 그렇다 そうだ	
(7) 재미없다 つまらない		(8) 맛있다 おいしい	

2 活用形Ⅰと합니다体（母音語幹）

　母音語幹用言の活用形Ⅰに -ㅂ니다 を付けると합니다体（非過去形）になります。합니다体は「です」「ます」に当たる格式的でかたい丁寧な表現です。疑問形は活用形Ⅰに -ㅂ니까? を付け，イントネーションを上げて発音します。

平叙形 〜です，〜ます	疑問形 〜ですか，〜ますか
活用形Ⅰ-ㅂ니다	活用形Ⅰ-ㅂ니까?

活用形Ⅰと합니다体の作り方（母音語幹）

活用形Ⅰは基本形から -다 を取った形です。

基本形	活用形Ⅰ	$\longrightarrow$	합니다体 非過去形
사다 買う	사-	活用形Ⅰに ㅂ니다を付ける	삽니다 買います
오다 来る	오-		옵니다 来ます

練習 ② 次の語を합니다体（非過去形）に変えて発音してみましょう。

基本形	합니다体 平叙形	基本形	합니다体 疑問形
(1) 가다 行く		(2) 다니다 通う	
(3) 배우다 習う		(4) 주다 あげる，くれる	
(5) 타다 乗る		(6) 보다 見る	
(7) 안 되다 だめだ		(8) 쉬다 休む	

3 ㅎの弱化

① 終声字母ㅎの後にㅇで始まる文字が来ると，連音化せずㅎは全く発音されなくなります。

終声字母 | 初声字母
ㅎ（ㄶ，ㅀ）＋ ㅇ

ㅎは発音しない
＝ないものと考える

좋아요 /조아요/ いいです
많아요 /마나요/ 多いです

② 終声字母ㅁ，ㄴ，ㅇ，ㄹの後にㅎで始まる文字が来ると，ㅎは発音せず連音化します。

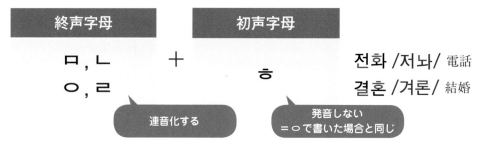

終声字母 | 初声字母
ㅁ，ㄴ，ㅇ，ㄹ ＋ ㅎ

連音化する

発音しない
＝ㅇで書いた場合と同じ

전화 /저놔/ 電話
결혼 /겨론/ 結婚

練習 ③ 次の単語や文を発音してみましょう。

(1) 넣어요. 入れます。　　(2) 싫어요. 嫌です。

(3) 미안해요. ごめんなさい。　(4) 삼 학기 3学期

(5) 조용히 静かに　　　　(6) 잘했어요. よくできました。

1. 次の文を日本語に訳してみましょう。

(1) 맛있습니다.

(2) 재미없습니까?

(3) 뭐가 좋습니까?

(4) 언제 나옵니까?

(5) 다음 달에 여행 갑니다.

2. 次の文を韓国語に訳してみましょう。 （합니다体で）

(1) はい, そうです。

(2) 大丈夫ですか。

(3) 家で休みます。

(4) ごめんなさい。

(5) 韓国語を習います。

3. 次の質問に韓国語で答えてみましょう。

(1) 몸 상태가 어떻습니까?　体の調子はどうですか。

(2) 쉬는 날에 보통 뭐 합니까?　休みの日に, 普通, 何しますか。

71

08-Ⓐ 아뇨, 안 좋아해요.

カフェで

<table>
<tr><td colspan="2" align="right">日本語訳</td></tr>
</table>

	日本語訳
田中	：ハヌルさん, 柚子茶が好きですか。
イ・ハヌル	：いいえ, 好きじゃないです。
田中	：私は大好きです。
イ・ハヌル	：そうですか。じゃあ, 人参茶は?
田中	：あんまりです。
イ・ハヌル	：私もほとんど飲みません。

다나카 ： 하늘 씨, 유자차를 좋아해요?

이하늘 ： 아뇨, 안 좋아해요.

다나카 ： 저는 아주 좋아해요.

이하늘 ： 그래요? 그럼 인삼차는요?

다나카 ： 별로예요.

이하늘 ： 저도 거의 마시지 않아요.

✏ 語句・表現

- 유자차 柚子茶
- 안 ～ない
- 그래요 (?) そうです (か)
- 별로 別に, あまり
- 마시다 飲む
- 좋아하다 好む
- 아주 とても
- 인삼차 人参茶
- 거의 ほとんど
- I-지 않다 ～ない

🎤 発 音

- 좋아해요 /조아해요/
- 인삼차는요 /인삼차는뇨/
- 거의 /거이/
- 않아요 /아나요/

1 안 ～ない ① (前置型)

　動詞と形容詞の前に안をおくと, 否定形になります。存在詞 (있다/없다) と指定詞, そして알다 (分かる, 知る) や모르다 (分からない, 知らない) など一部の動詞には使いません。**名詞と하다が結び付いた動詞の場合のみ名詞と하다の間に안を入れます。**

～ない	안 動詞・形容詞
(1) 같이 **안** 가요?	一緒に行かないんですか。
(2) 별로 **안** 비싸요.	あまり高くないです。
(3) 아직 주문 **안** 해요?	まだ注文しないんですか。
(4) 에어컨이 **안** 시원해요.	エアコンが涼しくありません。

練習 ① 안を使って次の語を否定形に変えて発音してみましょう。

肯定形	否定形	肯定形	否定形
(1) 사요 買います		(2) 좋아요 いいです	
(3) 괜찮아요 大丈夫です		(4) 마셔요? 飲みますか	
(5) 조용해요 静かです		(6) 운동해요 運動します	
(7) 옵니다 来ます		(8) 먹습니까? 食べますか	

2 活用形 I -지 않다 ～ない ② （後置型）

動詞と形容詞の活用形Iに-지 않다を付けても否定形になります。存在詞 (있다/
없다) と指定詞, そして알다 (分かる, 知る) や모르다 (分からない, 知らない) など
一部の動詞にはあまり使いません。

～ない	活用形 I -지 않다

基本形	否定形の基本形	否定形の해요体
마시다 飲む	마시지 않다 飲まない	마시지 않아요 飲みません
싸다 安い	싸지 않다 安くない	싸지 않아요 安くありません

> 합니다体では
> 않습니다

練習 ② I-지 않다を使って次の語を否定形(해요体)に変えて発音してみましょう。

基本形	否定形	基本形	否定形
(1) 먹다 食べる		(2) 타다 乗る	
(3) 길다 長い		(4) 아프다 痛い	
(5) 멀다 遠い		(6) 만나다 会う	
(7) 말하다 言う		(8) 입다 着る	

3 좋아하다, 싫어하다 好きだ, 嫌いだ

　日本語で「〜が好きだ」「〜が嫌いだ」というとき, 韓国語では普通-을/를 좋아하다, -을/를 싫어하다と言います。

| 〜が好きだ | -을/를 좋아하다 |
| 〜が嫌いだ | -을/를 싫어하다 |

(1) 케이팝을 좋아해요?　　　K-POPが好きですか。

(2) 외국어를 아주 좋아합니다.　外国語がとても好きです。

(3) 저는 공부를 정말 싫어해요.　私は勉強が本当に嫌いです。

練習 3 次の文を韓国語で書いて発音してみましょう。

| 음식 | 공포 영화 | 생선 | 여름 |
| 食べ物 | ホラー映画 | 魚 | 夏 |

(1) 日本の食べ物が好きですか。

(2) ホラー映画が嫌いです。

(3) 魚が好きじゃありません。

(4) 夏が本当に嫌いです。

まとめ

1-51

1. 次の文を日本語に訳してみましょう。

(1) 안 시원해요.

(2) 전화 안 해요?

(3) 정말 아프지 않아요?

(4) 케이팝을 좋아합니다.

(5) 공부를 싫어해요?

2. 次の文を韓国語に訳してみましょう。

(1) 長くないです。

(2) 朝ごはんは食べません。 （朝ごはん: 아침）

(3) コーヒーは飲みません。 （コーヒー: 커피）

(4) 魚がとても嫌いです。

(5) 韓国の食べ物が好きですか。

3. 次の質問に韓国語で答えてみましょう。

(1) 좋아하는/싫어하는 음식이 뭐예요?　好きな/嫌いな食べ物は何ですか。

(2) 좋아하는/싫어하는 과목이 뭐예요?　好きな/嫌いな科目は何ですか。

08-B 왜 못 먹어요?

韓国料理屋で

이하늘 : 한국 음식은 뭐 좋아해요?

다나카 : 한국 음식은 거의 다 좋아해요.

이하늘 : 그럼 청국장도 먹어요?

다나카 : 아뇨, 청국장은 먹지 못해요.

이하늘 : 왜 못 먹어요?

다나카 : 그냥 냄새가 싫어요.

日本語訳
イ・ハヌル ：韓国の食べ物は何が好き 　　　　　　ですか。
田中　　 ：韓国の食べ物はほとんど 　　　　　　全部, 好きです。
イ・ハヌル ：じゃあ, チョングクチャンも 　　　　　　食べますか。
田中　　 ：いいえ, チョングクチャンは 　　　　　　食べられません。
イ・ハヌル ：どうして食べられないんですか。
田中　　 ：何となく匂いが嫌いです。

語句・表現

- 음식 食べ物
- 청국장 チョングクチャン
- I-지 못하다 ~できない
- 못 ~できない
- 그냥 ただ, 何となく
- 냄새 匂い
- 싫다 嫌だ, 嫌いだ

発音

- 먹지 못해요 /먹찌모태요/
- 못 먹어요 /몬머거요/
- 싫어요 /시러요/

1 激音化

① 終声 [ᵖ]・[ᵗ]・[ᵏ] の後にㅎが来ると [ᵖ] はㅍ, [ᵗ] はㅌ, [ᵏ] はㅋの音になります。発音が変化するだけでつづりは変わりません。

終声字母		初声字母		初声	
[ᵖ] ㅂ, ㅍ, ㅄ				ㅍ	입학 /이팍/ 入学
[ᵗ] ㄷ, ㅌ, ㅅ, ㅆ, ㅈ, ㅊ	+	ㅎ	→	ㅌ	못 하다 /모타다/ できない
[ᵏ] ㄱ, ㅋ, ㄲ, ㄺ				ㅋ	녹화 /노콰/ 録画

② 終声字母ㅎの後にㄱ, ㄷ, ㅈで始まる文字が来るとそれぞれㅋ, ㅌ, ㅊの音になります。発音が変化するだけでつづりは変わりません。

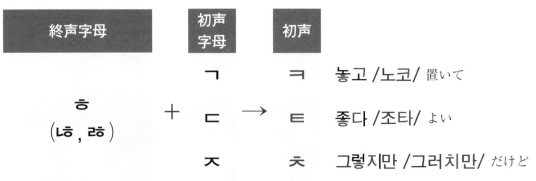

終声字母		初声字母		初声	
ㅎ (ㄶ, ㅀ)	+	ㄱ	→	ㅋ	놓고 /노코/ 置いて
		ㄷ	→	ㅌ	좋다 /조타/ よい
		ㅈ	→	ㅊ	그렇지만 /그러치만/ だけど

練習 ① 次の単語や文を発音してみましょう。

(1) 잡화　　　　雑貨

(2) 따뜻해요.　　暖かいです。

(3) 어떻게　　　どのように

(4) 많지만　　　多いけど

(5) 축하합니다.　おめでとうございます。

78

2 못 ～できない ① （前置型）

　動詞の前に못をおくと，「～できない」という不可能形になります。**名詞と하다が結び付いた動詞の場合のみ名詞と하다の間に못を入れます。**

| ～できない | 못 動詞 |

(1) 더 이상 못 먹어요.　　　これ以上食べられません。

(2) 그 친구도 못 갑니까?　　その友だちも行けないんですか。

(3) 절대로 말 못 해요.　　　絶対に言えません。

練習 ② 못を使って次の語を不可能形に変えて発音してみましょう。

	不可能形		不可能形
(1) 들어가요 入ります		(2) 참아요 我慢します	
(3) 봐요 見ます		(4) 찾습니다 見つけます	
(5) 만나요 会います		(6) 정해요 決めます	
(7) 전화합니다 電話します		(8) 이야기해요 話します	

こ/の/課/の ポ/イ/ン/ト!!

3 活用形Ⅰ-지 못하다　～できない ②（後置型）

動詞の活用形Ⅰに-지 못하다を付けても「～できない」という不可能形になります。

～できない	活用形Ⅰ -지 못하다

基本形	不可能形の基本形	不可能形の해요体
기다리다 待つ	기다리지 못하다 待てない	기다리지 못해요 待てません
먹다 食べる	먹지 못하다 食べる	먹지 못해요 食べられません

> 합니다体では
> 못합니다

練習 3 Ⅰ-지 못하다を使って次の語を不可能形（**해요**体）に変えて発音してみましょう。

基本形	不可能形	基本形	不可能形
(1) 주다 あげる		(2) 받다 もらう	
(3) 풀다 解く		(4) 놀다 遊ぶ	
(5) 읽다 読む		(6) 물어보다 尋ねる	
(7) 사다 買う		(8) 일어나다 起きる	

まとめ

1-53

1. 次の文を日本語に訳してみましょう。

(1) 못 찾아요.

(2) 학생은 못 들어갑니다.

(3) 전화 못 합니까?

(4) 시작하지 못해요.

(5) 거기는 따뜻해요?

2. 次の文を韓国語に訳してみましょう。

(1) 絶対に話せません。

(2) 私は決められません。

(3) この漢字, 読めません。 （漢字: 한자）

(4) これ以上, 食べられません。

(5) おめでとうございます。

3. 次の質問に韓国語で答えてみましょう。

(1) 무슨 음식을 못 먹어요?　どんな食べ物が食べられませんか。

(2) 친구가 약속 시간에 늦었을 때 한 시간 이상 기다려요?
友だちが待ち合わせの時間に遅れたとき, 1時間以上, 待ちますか。

09-Ⓐ 어제 뭐 했어요?

廊下で

	日本語訳

이하늘 : 어제 뭐 했어요?

다나카 : 도서관에서 공부했어요.

이하늘 : 시험이 있어요?

다나카 : 아뇨, 숙제했어요. 책도 읽었어요.

　　　　하늘 씨는 뭐 했어요?

이하늘 : 저는 친구하고 같이 놀았어요.

語句・表現

- 어제 昨日
- Ⅲ-ㅆ- ～した
- 도서관 図書館
- 공부 勉強
- 시험 試験
- 숙제 宿題
- 책 本
- 읽다 読む
- 놀다 遊ぶ

1 過去形（子音語幹用言の過去形）

過去形	活用形Ⅲ-ㅆ-（語尾）

　用言を過去形にするには活用形Ⅲに-ㅆ-を付けてから，その後ろに語尾を付けます。해요体の場合は-어요，합니다体の場合は-습니다などを付けます。子音語幹用言の活用形Ⅲは06-Ⓐ参照。

基本形	活用形Ⅲ			⇒		過去形
살다 住む	살아	Ⅲに ㅆを 付ける	살았	어요または 습니다を 付ける		살았어요 住んでいました
찍다 撮る	찍어		찍었			찍었습니다 撮りました

練習 ① 次の語を過去形に変えて発音してみましょう。

基本形	해요体 過去形	基本形	합니다体 過去形
(1) 받다 もらう		(2) 웃다 笑う	
(3) 먹다 食べる		(4) 만들다 作る	
(5) 좋다 よい		(6) 맛있다 おいしい	
(7) 재미없다 つまらない		(8) 앉다 座る	

2 過去形（하다用言の過去形）

過去形	活用形Ⅲ-ㅆ-（語尾）

用言を過去形にするには活用形Ⅲに-ㅆ-を付けてから, その後ろに語尾を付けます。해요体の場合は-어요, 합니다体の場合は-습니다などを付けます。하다用言の活用形Ⅲは不規則で해になります。

基本形	活用形Ⅲ			⇒		過去形
하다 する	해	Ⅲに ㅆを 付ける	했	어요または 습니다を 付ける		했어요 しました
말하다 言う	말해		말했			말했습니다 言いました

練習 ② 次の語を過去形に変えて発音してみましょう。

基本形	해요体 過去形	基本形	합니다体 過去形
(1) 시작하다 始める		(2) 노래하다 歌う	
(3) 이야기하다 話す		(4) 깨끗하다 清潔だ	
(5) 따뜻하다 暖かい		(6) 좋아하다 好きだ	
(7) 잘하다 上手だ		(8) 취하다 酔う	

3 過去形（否定形と不可能形）

① 前置型

用言の過去形の前に否定の場合は안, 不可能の場合は못を置きます。

(1) 예전에는 안 좋아했어요?　以前は好きじゃなかったんですか。

(2) 그때 전화 못 받았습니다.　そのとき, 電話取れませんでした。

② 後置型

否定の場合はⅠ-지 않다の않다, 不可能の場合はⅠ-지 못하다の못하다を過去形にします。

(3) 저는 먹지 않았습니다.　私は食べませんでした。

(4) 끝까지 말하지 못했어요.　最後まで言えませんでした。

練習 ③ 次の文を韓国語で書いて発音してみましょう。

사진 写真　　　　　하나 一つ

(1) 昨日は暖かくなかったです。

(2) 私は歌いませんでした。

(3) 写真は撮れませんでした。

(4) 一つも作れませんでした。

 まだ〜していません

「(まだ) 〜していません」という場合, 韓国語では否定・不可能の過去形で表すことができます。

아직 안/못 봤어요. まだ見ていません。

1-55

1. 次の文を日本語に訳してみましょう。

(1) 맛있었어요?

(2) 제가 만들었어요.

(3) 방이 깨끗했어요?

(4) 못 찾았어요.

(5) 말 안 했습니까?

2. 次の文を韓国語に訳してみましょう。

(1) 何を食べましたか。

(2) 昨日, 電話しました。

(3) 以前は好きでした。

(4) この本, まだ読んでいません。

(5) 写真は撮れませんでした。

3. 次の質問に韓国語で答えてみましょう。

(1) 지난 주말에 뭐 했어요?　このあいだの週末に何しましたか。

(2) 어제 저녁에 뭐 먹었어요?　昨日の夜, 何を食べましたか。

09-B 전 집에서 쉬었어요.

1-56
🔘 大学の正門の前で

다나카 : 주말 잘 지냈어요?

이하늘 : 네. 잘 지냈어요.
　　　　다나카 씨는요?

다나카 : 저는 친구를 만났어요.

이하늘 : 일본에서 친구가 왔어요?

다나카 : 아뇨, 학교 친구예요.

이하늘 : 전 집에서 쉬었어요.

日本語訳	
田中	：週末はよく過ごせましたか。
イ・ハヌル	：ええ，よく過ごせました。 田中さんは?
田中	：私は友だちに会いました。
イ・ハヌル	：日本から友だちが来たんですか。
田中	：いいえ，学校の友だちです。
イ・ハヌル	：私は家で休みました。

語句・表現

● 잘 よく, うまく　　● 지내다 過ごす　　● 오다 来る

● 학교 学校　　● 전 私は

1 過去形（母音語幹用言の過去形 ①）

| 過去形 | 活用形Ⅲ -ᆻ- （語尾） |

　用言を過去形にするには活用形Ⅲに-ᆻ-を付けてから, その後ろに語尾を付けます。해요体の場合は-어요, 합니다体の場合は-습니다などを付けます。母音語幹用言の活用形Ⅲは06-Ⓑ参照。

基本形	活用形Ⅲ	⟹			過去形
가다 行く	가	Ⅲに ᆻを 付ける	갔	어요または 습니다を 付ける	갔어요 行きました
내다 出す	내		냈		냈습니다 出しました

練習 ① 次の語を過去形に変えて発音してみましょう。

基本形	해요体 過去形	基本形	합니다体 過去形
(1) 사다 買う		(2) 보내다 送る	
(3) 만나다 会う		(4) 일어나다 起きる	
(5) 켜다 (明かりを)つける		(6) 비싸다 (値段が)高い	
(7) 끝나다 終わる		(8) 세다 強い	

2 過去形（母音語幹用言の過去形 ②）

過去形	活用形Ⅲ -ㅆ-（語尾）

　用言を過去形にするには活用形Ⅲに-ㅆ-を付けてから，その後ろに語尾を付けます。
해요体の場合は-어요，합니다体の場合は-습니다などを付けます。母音語幹用言の
活用形Ⅲは06-Ⓑ参照。

基本形	活用形Ⅲ	⟹			過去形
오다 来る	와	Ⅲに ㅆを 付ける	왔	어요または 습니다を 付ける	왔어요 来ました
쉬다 休む	쉬어		쉬었		쉬었습니다 休みました

練習 ② 次の語を過去形に変えて発音してみましょう。

基本形	해요体 過去形	基本形	합니다体 過去形
(1) 배우다 習う		(2) 보다 見る	
(3) 마시다 飲む		(4) 주다 あげる・くれる	
(5) 나오다 出てくる		(6) 잘되다 うまくいく	
(7) 기다리다 待つ		(8) 뛰다 走る	

3　話しことばでの助詞の縮約

　-은/는（〜は）, -을/를（〜を）は母音で終わる体言などに付く場合, 縮約されてそれぞれ-ㄴ, -ㄹとなることがあります。무엇/뭐（何）, 이것/이거（これ）のように体言に縮約形がある場合は, 縮約形に-ㄴや-ㄹが付きます。

저는 ⇒ **전** わたしは　　　이것은 ⇒ 이거는 ⇒ **이건** これは

저를 ⇒ **절** わたしを　　　무엇을 ⇒ 뭐를　⇒ **뭘**　　何を

また, 이것（これ）などに-이（〜が）が付く場合は以下のように縮約されます。

これが	それが	あれが	どれが
이게 （이것이）	그게 （그것이）	저게 （저것이）	어느 게 （어느 것이）

上が縮約形

練習 ③ 次の文の下線部を縮約形に直し, 全文を日本語に訳してみましょう。

(1) <u>그것은</u> 어제 봤어요.

(2) <u>저것이</u> 뭐예요?

(3) 제가 <u>저것을</u> 줬어요.

(4) <u>저는</u> 여덟
8시에 일어났어요.

まとめ

1-57

1. 次の文を日本語に訳してみましょう。

(1) 뭘 봤어요?

(2) 몇 시에 만났어요?

(3) 정말 잘됐어요.

(4) 어제도 왔어요.

(5) 이건 안 비쌌어요.

2. 次の文を韓国語に訳してみましょう。

(1) 図書館に行きました。

(2) かなり待ちましたか。 （かなり: 많이）

(3) よく過ごしましたか。

(4) それは問題です。 （問題: 문제）

(5) 私は7時に起きました。

3. 次の質問に韓国語で答えてみましょう。

(1) 오늘 아침에 몇 시에 일어났어요? 今朝, 何時に起きましたか。

(2) 어제 일찍 잤어요? 昨日, 早く寝ましたか。

10-A 무슨 외국어를 배우고 싶어요?

 교실에서

이하늘 : 영어 할 수 있어요?

다나카 : 네. 조금 할 수 있어요.

이하늘 : 중국어는요?

다나카 : 중국어는 전혀 할 수 없어요.

이하늘 : 앞으로 무슨 외국어를 배우고 싶어요?

다나카 : 프랑스어를 공부하고 싶어요.

日本語訳	
イ・ハヌル	: 英語できますか。
田中	: ええ, 少しできます。
イ・ハヌル	: 中国語は?
田中	: 中国語は全然できません。
イ・ハヌル	: これから, どんな外国語を習いたいですか。
田中	: フランス語を勉強したいです。

語句・表現

- 영어 英語
- 조금 少し
- 전혀 全然
- 앞으로 これから
- 외국어 外国語
- Ⅰ-고 싶다 ~したい
- Ⅱ-ㄹ 수 있다 ~できる
- 중국어 中国語
- Ⅱ-ㄹ 수 없다 ~できない
- 무슨 何の~, 何~
- 배우다 習う, 学ぶ
- 프랑스어 フランス語

発音

- 할 수 /할쑤/
- 중국어는요 /중구거는뇨/
- 전혀 /저녀/

1 活用形Ⅱ-ㄹ 수 있다/없다　～することができる/できない

| ～することができる | 活用形Ⅱ-ㄹ 수 있다 |
| ～することができない | 活用形Ⅱ-ㄹ 수 없다 |

★ -ㄹ 수の発音は/ㄹ쑤/です。

活用形Ⅱの作り方

　語幹（基本形から -다を取った形）が母音で終わる場合はそのまま，子音で終わる場合は後ろに -으- を付けます。

基本形	語幹	活用形Ⅱ	⇒	～ことができる
사다 買う	사-	사-	活用形Ⅱに ㄹ 수 있다を付ける	살 수 있다　買うことができる
받다 もらう	받-	받으-		받을 수 있다 もらうことができる

(1) 매운 것도 먹을 수 있어요?　辛いものも食べられますか。

(2) 술은 마실 수 없습니다.　お酒は飲めません。

(3) 저는 볼 수 있었어요.　私は見ることができました。

【練習①】Ⅱ-ㄹ 수 있다/없다を使って次の文を韓国語で書いて発音してみましょう。

(1) その友だちも来ることができますか。

(2) 写真を撮ることができません。

(3) 全然食べられませんでした。

(4) 昨日，行くことができましたか。

2 　活用形Ⅰ-고 싶다　～したい

活用形Ⅰ-고 싶다は「～たい」のように願望を表す表現です。

～したい	活用形Ⅰ-고 싶다

(1)　뭘 하고 싶습니까?　　　何をしたいですか。

(2)　화장품을 사고 싶어요.　　化粧品を買いたいです。

(3)　아까는 안 먹고 싶었어요.　さっきは食べたくなかったです。

練習 2　次の語を例のように変えて発音してみましょう。

하다 する	하고 싶어요 したいです	하다 する	하고 싶었어요 したかったです
(1) 가다 行く		(2) 보다 見る	
(3) 알다 知る		(4) 있다 いる	
(5) 여행하다 旅行する		(6) 만나다 会う	
(7) 쉬다 休む		(8) 마시다 飲む	

3 무슨 何の〜, 何〜

무슨は後ろに名詞をともなう「何の〜」「何〜」という意味です。

何の〜, 何〜	무슨
(1) 무슨 학과예요?	何学科ですか。
(2) 무슨 음식을 좋아해요?	何の食べ物が好きですか。
(3) 지금 무슨 알바를 해요?	今何のバイトをしているんですか。
(4) 무슨 요일이에요?	何曜日ですか。

練習 ③ 次の文を韓国語で書いて発音してみましょう。

게임 ゲーム　　　　　색 色

(1) それ何のゲームですか。

(2) 何の勉強をしているんですか。

(3) 何色が好きですか。

(4) 何の映画を見たいですか。

1-59

1. 次の文を日本語に訳してみましょう。

(1) 내일도 올 수 있어요?

(2) 전혀 읽을 수 없습니다.

(3) 물을 마시고 싶어요.

(4) 뭘 보고 싶어요?

(5) 무슨 이야기예요?

2. 次の文を韓国語に訳してみましょう。

(1) お酒を飲めます。

(2) 私は行けませんでした。

(3) 今日は休みたいです。

(4) 何を食べたいですか。

(5) 何学科ですか。

3. 次の質問に韓国語で答えてみましょう。

(1) 무슨 학과예요?　何学科ですか。

(2) 방학 때 뭐 하고 싶어요?　長期の休みのとき，何をしたいですか。

10-B 전 입구 옆에 서 있어요.

다나카 : 여보세요. 지금 어디예요?

이하늘 : 카페에서 기다리고 있어요.

다나카 : 저도 카페예요.

근데 하늘 씨가 안 보여요.

어디에 앉아 있어요?

이하늘 : 전 입구 옆에 서 있어요.

다나카 : 그래요? 전 카페 안에 있어요.

日本語訳	
田中	: もしもし。今どこですか。
イ・ハヌル	: カフェで待っています。
田中	: 私もカフェです。
	でも, ハヌルさんが見えません。
	どこに座っていますか。
イ・ハヌル	: 私は入口の横に立っています。
田中	: そうですか。
	私はカフェの中にいます。

✏️ **語句・表現**

- 여보세요 もしもし
- 근데 ところで, でも
- Ⅲ 있다 ～している (状態)
- 카페 カフェ
- 보이다 見える
- 입구 入口
- Ⅰ-고 있다 ～している (進行)
- 앉다 座る
- 옆 横
- 안 中

97

この課のポイント!!

1 活用形Ⅰ-고 있다　～している

活用形Ⅰ-고 있다は「～している」のように**動作が継続・進行している**ことを表します。

～している	活用形Ⅰ-고 있다

(1) 영어 학원에 다니고 있어요.　英語の塾に通っています。

(2) 12시까지 자고 있었어요?　12時まで寝ていたんですか。

練習 ① 次の語を例のように変えて発音してみましょう。

하다 する	하고 있어요 しています	하다 する	하고 있었어요 していました
(1) 쓰다 書く		(2) 쉬다 休む	
(3) 입다 着る		(4) 생각하다 考える	
(5) 기르다 飼う		(6) 찾다 探す	
(7) 보다 見る		(8) 살다 住む	

2 活用形Ⅲ 있다 ～している

活用形Ⅲ 있다は「～している」のように動作の結果・状態が残って持続していることを表します。基本的に自動詞 (을/를 (～を) と一緒に使えない動詞) にしか付きません。

～している	活用形Ⅲ 있다

(1) 그 가수가 일본에 와 있어요.　その歌手が日本に来ています。

(2) 어디에 쓰여 있었어요?　どこに書かれていましたか。

練習 ② 次の語を例のように変えて発音してみましょう。

오다 来る	와 있어요 来ています	오다 来る	와 있었어요 来ていました
(1) 붙다 くっつく		(2) 일어나다 起きる	
(3) 살다 生きる		(4) 모이다 集まる	
(5) 나오다 出る		(6) 가다 行く	
(7) 열리다 開く		(8) 남다 残る	

3　位置名詞

前	後ろ	横	上	下		中	外	奥, 中
앞	뒤	옆	위	아래	밑	안	밖	속

左	右	東	西	南	北
왼쪽	오른쪽	동쪽	서쪽	남쪽	북쪽

練習 3 次の下線部に日本語に合う適当な単語を入れて文を発音してみましょう。

(1) 맨 _____에 들어 있어요.　　　いちばん上に入っています。

(2) 역 _____에서 기다리고 있어요.　駅の前で待っています。

(3) 오늘은 _____에 안 나갔어요.　　今日は外に出ませんでした。

(4) 가방 _____에는 없었어요.　　　カバンの中にはありませんでした。

(5) 책상 _____에 있어요.　　　　　机の下にあります。

(6) 빵집은 은행 _____에 있어요.　パン屋は銀行の横にあります。

(7) 우리 학교 바로 _____에 있어요. うちの学校のすぐ後ろにあります。

(8) _____ 말고 _____이에요.　左じゃなくて右です。

ま と め

1-61

1. 次の文を日本語に訳してみましょう。

(1) 도쿄에 살고 있어요.

(2) 집을 찾고 있어요.

(3) 앞을 봐요.

(4) 뒤에 서 있어요.

(5) 옆에 앉아 있어요.

2. 次の文を韓国語に訳してみましょう。

(1) 駅で待っています。

(2) テレビを見ていました。 （テレビ: 텔레비전）

(3) 仕事が残っています。 （仕事: 일）

(4) 机の上にあります。

(5) 椅子の下にありました。 （椅子: 의자）

3. 次の質問に韓国語で答えてみましょう。

(1) 요즘 집에서 뭐 하고 있어요?　最近, 家で何していますか。

(2) 학교 근처에 뭐가 있어요?　学校の近くに何がありますか。

101

11-A 무슨 일로 오셨어요?

🔊 1-62 校内を歩きながら

日本語訳	
田中	：おととい，日本から父が来ました。
イ・ハヌル	：そうですか。お父様は韓国によく来られるんですか。
田中	：ええ，先月も来ました。
イ・ハヌル	：何の用事で来られたんですか。
田中	：出張です。父はいつも忙しいです。

다나카 : 그저께 일본에서
　　　　 아버지가 오셨어요.

이하늘 : 그래요?
　　　　 아버님은 한국에 자주 오세요?

다나카 : 네, 지난달에도 오셨어요.

이하늘 : 무슨 일로 오셨어요?

다나카 : 출장이세요. 아버지는 늘 바쁘세요.

語句・表現

- 그저께 おととい
- Ⅱ-시- ～なさる (尊敬)
- 자주 しょっちゅう, よく
- -로 ～で, ～へ
- 늘 いつも
- 아버지 お父さん
- 아버님 お父様
- 일 用事, 仕事
- 출장 出張
- 바쁘다 忙しい

発音

- 무슨 일로 /무슨닐로/
- 출장 /출짱/

1 尊敬の非過去形 〜なさいます

活用形Ⅱに-시-を付けると，尊敬を表すことができます。そして，-시-も後ろに来る語尾に合わせて活用します。

尊敬の接尾辞	活用形Ⅰ	活用形Ⅱ	活用形Ⅲ
活用形Ⅱ-시-（語尾）		-시-	-셔-

해요体の-요と합니다体の-ㅂ니다を付けると以下の形になります。

	平叙形	疑問形
尊敬の非過去形 **해요体**	活用形Ⅱ-세요	活用形Ⅱ-세요?
尊敬の非過去形 **합니다体**	活用形Ⅱ-십니다	活用形Ⅱ-십니까?

★ Ⅱ-세요は動詞に付くと「〜てください」という命令や指示の意味にもなります。

(1) 집에서는 안경을 **쓰세요**. 家ではメガネをかけていらっしゃいます。

(2) 다음 주는 바쁘**십니까**? 来週はお忙しいですか。

(3) 기분이 안 좋으**세요**? 気分がよろしくないですか。

(4) 잠깐만 기다리**세요**. 少々お待ちください。

練習 ① 次の語を例のように変えて発音してみましょう。

하다 する	하세요 なさいます	하다 する	하십니다 なさいます
(1) **보다** 見る		(2) **가다** 行く	
(3) **좋아하다** 好きだ		(4) **다니다** 通う	
(5) **앉다** 座る		(6) **많다** 多い	

2 尊敬の過去形 ～なさいました

尊敬の過去形を作るには，用言の活用形Ⅱに-셔-（尊敬の接尾辞の活用形Ⅲ），-ㅆ-（過去の接尾辞）を付け，その後ろに語尾を付けます。해요体と합니다体の過去形は以下のように作ります。

基本形	⇒	尊敬 （語幹）	⇒	尊形＋過去 （語幹）	⇒	尊敬の過去形 해요体/합니다体
가다 行く	Ⅱに 시を 付ける	가시	尊敬 のⅢに ㅆを 付ける	가셨	어요または 습니다を 付ける	가셨어요 行かれました
읽다 読む		읽으시		읽으셨		읽으셨습니다 読まれました

(1)　오늘도 바쁘셨어요?　　今日もお忙しかったんですか。

(2)　수고하셨습니다.　　お疲れさまでした。

(3)　아직 안 받으셨어요?　　まだ受け取っていらっしゃらないんですか。

練習 ② 次の語を例のように変えて発音してみましょう。

하다 する	하셨어요 なさいました	하다 する	하셨습니다 なさいました
(1) 지내다 過ごす		(2) 오다 来る	
(3) 재미없다 つまらない		(4) 나가다 出ていく	
(5) 많다 多い		(6) 입다 着る	
(7) 잘하다 上手だ		(8) 그러다 そう言う	

3 -으로/로 ～で, ～へ

手段や方法を表す「～で」,方向を表す「～へ」にあたる助詞で,使い方も「～で」や「～へ」とほぼ同じです。

～で[手段], ～へ		
ㄹ以外の子音終わりの体言 **-으로**	**볼펜으로** ボールペンで	**밖으로** 外へ
ㄹ終わりの体言 母音終わりの体言 **-로**	**전철로** 電車で	**회사로** 会社へ

練習 ③ 次の語に-으로/로を付けて発音してみましょう。

(1)	**버스** バス		(2)	**지하철** 地下鉄	
(3)	**자전거** 自転車		(4)	**자동차** 自動車	
(5)	**집** 家		(6)	**교실** 教室	
(7)	**서울** ソウル		(8)	**도서관** 図書館	

1-63

1. 次の文を日本語に訳してみましょう。

(1) 잠깐만 기다리세요.

(2) 언제 가셨어요?

(3) 어떻게 지내셨어요?

(4) 볼펜으로 쓰세요.

(5) 버스로 왔습니다.

2. 次の文を韓国語に訳してみましょう。

(1) 今，お忙しいですか。

(2) この映画，ご覧になりましたか。

(3) お疲れさまでした。

(4) 教室へ来てください。

(5) 自転車で通っています。

3. 次の質問に韓国語で答えてみましょう。

(1) 부모님은 무슨 일을 하세요? ご両親は何をしていらっしゃいますか。

(2) 학교까지 어떻게 와요? 学校までどうやって来ますか。

11 -B 선생님, 지금 점심 드세요?

🔘 1-64
学内の食堂で

다나카 : 선생님, 지금 점심 드세요?

선생님 : 네, 지금 먹어요.

다나카 : 저, 오늘 몇 시까지
　　　　학교에 계세요?

선생님 : 5시까지 있어요. 왜요?
　　　　　다섯

다나카 : 질문이 좀 있어요.

선생님 : 그럼 4시쯤에 연구실로 와요.
　　　　　　　네

	日本語訳
田中 :	先生, 今, お昼を召し上がっているんですか。
先生 :	ええ, 今, 食べています。
田中 :	あのう, 今日, 何時まで学校にいらっしゃいますか。
先生 :	5時までいます。どうしてですか。
田中 :	ちょっと質問があるんです。
先生 :	じゃあ, 4時ごろ, 研究室へ来てください。

語句・表現

- 드시다 召し上がる
- 계시다 いらっしゃる
- 질문 質問
- 좀 ちょっと
- -쯤 ~ごろ, ~ぐらい
- 연구실 研究室

107

1　尊敬動詞の非過去形

一部の用言には尊敬動詞があります。

非尊敬動詞		尊敬動詞	
먹다	食べる	드시다・잡수시다	召し上がる
마시다	飲む		
자다	寝る	주무시다	お休みになる
있다	いる	계시다	いらっしゃる
없다	いない	안 계시다	いらっしゃらない

해요体と합니다体の非過去形の作り方は以下の通りです。

	해요体 -시다を取って-세요を付ける	합니다体 I-ㅂ니다/ㅂ니까?を付ける
드시다 召し上がる	드세요 召し上がります	드십니다 召し上がります

練習 ①　下線部を尊敬動詞に変えて発音してみましょう。

(1) 오늘은 집에 <u>없습니다</u>.　　今日は家にいません。

(2) 보통 몇 시에 <u>잡니까</u>?　　普段，何時に寝ますか。

(3) 아직 교실에 <u>있어요</u>.　　まだ教室にいます。

(4) 많이 <u>먹어요</u>.　　たくさん食べてください。

2 尊敬動詞の過去形

尊敬動詞の해요体と합니다体の過去形の作り方は以下の通りです。

	해요体 -시다を取って-셨어요を付ける	합니다体 -시다を取って -셨습니다/셨습니까?を付ける
드시다 召し上がる	드셨어요 召し上がります	드셨습니다 召し上がります

 練習 ② 下線部を尊敬動詞に変えて発音してみましょう。

(1) 아까까지 <u>있었습니다</u>.　　　さっきまでいました。

(2) 선생님 <u>없었어요</u>?　　　先生いなかったですか。

(3) 뭘 <u>먹었습니까</u>?　　　何を食べましたか。

(4) 잘 <u>잤어요</u>?　　　よく寝ましたか。

✓ 「ある」「ない」の尊敬

　있다 (ある) の尊敬は있으시다 (おありだ), 없다 (ない) の尊敬は없으시다 (おありでない) です。

　　　내일 연구실에 계세요?　　明日研究室にいらっしゃいますか。
　　　내일 시간 있으십니까?　　明日お時間おありですか。

3 尊敬名詞

一部の名詞には尊敬名詞があります。

非尊敬名詞		尊敬名詞		非尊敬名詞		尊敬名詞	
집	家	댁	お宅	사람	人	분	方
말	言葉, 話	말씀	お言葉, お話	아버지	お父様	아버님	お父様
이름	名前	성함	お名前	어머니	お母さん	어머님	お母様
나이	年	연세	お年	부모	両親	부모님	ご両親

練習 ③ 下線部に適当な単語を入れて発音してみましょう。

(1) _____이 어디세요?　　　　　　　お宅はどちらですか。

(2) _____ _____이 어떻게 되세요? お父様のお名前は何とおっしゃいますか。

(3) _____ _____가 어떻게 되세요? ご両親はおいくつですか。

(4) _____이 _____이세요?　　　　この方がお母さまでいらっしゃいますか。

(5) 그럼 먼저 _____하세요.　　　　では、先におっしゃってください。

1-65

1. 次の文を日本語に訳してみましょう。

(1) 많이 드셨어요?

(2) 사장님이 안 계세요.

(3) 선생님이 말씀을 하셨어요.

(4) 연세가 어떻게 되십니까?

(5) 부모님이 젊으세요.

2. 次の文を韓国語に訳してみましょう。

(1) よくお休みになりましたか。

(2) 今, どこにいらっしゃいますか。

(3) ごゆっくりお召し上がりください。 （ごゆっくり: 천천히)

(4) おいくつですか。

(5) お名前は何とおっしゃいますか。

3. 次の質問に韓国語で答えてみましょう。

(1) 부모님은 어디에 계세요?　ご両親はどこにいらっしゃいますか。

(2) 지도 교수님 성함이 어떻게 되세요?
　　指導教授のお名前は何とおっしゃいますか。

111

12-Ⓐ 정말 큰 서점이네요.

 書店で

다나카 : 정말 큰 서점이네요.

이하늘 : 이 서점에는 없는 책이 없어요.

다나카 : 한국 문화 관련 책은
          어디에 있어요?

이하늘 : 저쪽에 있어요. 같이 가요.

いろいろな本を見て

다나카 : 좋은 책들이 참 많네요.

이하늘 : 그렇죠? 이쪽에 있는 책들도 보세요.

日本語訳	
田中	：本当に大きな書店ですね。
イ・ハヌル	：この書店には，ない本は ありませんよ。
田中	：韓国文化関連の本は どこにありますか。
イ・ハヌル	：あっちにありますよ。 一緒に行きましょう。
いろいろな本を見て	
田中	：いい本が本当に多いですね。
イ・ハヌル	：そうでしょう。こっちにある 本も見てください。

語句・表現

- 정말 本当, 本当に
- 서점 書店
- 문화 文化
- -들 ～たち (複数)
- Ⅰ-죠 ～でしょう
- 크다 大きい
- Ⅰ-네요 ～ですね
- 관련 関連
- 참 本当に
- 이쪽 こちら
- Ⅱ-ㄴ ～な
- Ⅰ-는 ～する
- 저쪽 あちら
- 그렇다 そうだ

発音

- 없는   /엄는/
- 한국 문화 관련
   /한궁무놔괄련/
- 많네요   /만네요/
- 그렇죠   /그러초/

1 活用形Ⅰ-는　～する…，～している…

動詞と存在詞の**非過去連体形**は，活用形Ⅰに-는を付けます。存在詞は있다（ある，いる）と없다（ない，いない）です。맛있다（おいしい），재미없다（つまらない），서 있다（立っている）など있다と없다を含むものにも付きます。

～する… ～している…	活用形Ⅰ-는

(1)　카페에서 공부하는 사람　　　カフェで勉強する/している人

(2)　자주 먹는 것　　　　　　　　よく食べるもの/こと

(3)　수업이 있는 날　　　　　　　授業がある日

(4)　재미없는 이야기　　　　　　つまらない話

★ 좋아하다（好きだ），싫어하다（嫌いだ），잘하다（上手だ），모르다（分からない，知らない）などは動詞です。

練習① 日本語に合うように空欄を埋めて文を発音してみましょう。

(1) おいしいスンドゥブチゲを食べたいです。

　　_____ 순두부찌개를 먹고 싶어요.

(2) 韓国語を習っている理由は何ですか。

　　한국어를 _____ 이유가 뭐예요?

(3) 行くことができない場合にはどうしたらいいですか。

　　_____ 경우에는 어떻게 하면 돼요?

(4) いちばん好きな食べ物は何ですか。

　　제일 _____ 음식이 뭐예요?

2 活用形Ⅱ-ㄴ ①　～な…, ～い…, ～の…, ～ではない…

　形容詞と指定詞の非過去連体形は, 活用形Ⅱに-ㄴを付けます。指定詞は-이다
（～だ）, 아니다 (～ではない) の2つです。-이다は학생이에요 (学生です) の-이에
요の基本形で, 아니다は학생이 아니에요 (学生ではありません) の아니에요の基
本形です。

～な…, ～い…	活用形Ⅱ-ㄴ
(1) 아주 유명한 배우	とても有名な俳優
(2) 보고 싶은 만화	見たい漫画
(3) 회사원인 친구	会社員の/である友だち
(4) 학생이 아닌 사람	学生ではない人

練習 ② 日本語に合うように空欄を埋めて文を発音してみましょう。

(1) 人が多い所は嫌いです。

　　사람이 _____ 데는 싫어요.

(2) すごく高いのは買えません。

　　너무 _____ 건 못 사요.

(3) 何か食べたいものありますか。

　　뭔가 _____ 거 있어요?

(4) 漫画ではない本はほとんど読みません。

　　_____ 책은 거의 안 읽어요.

3 活用形 I -네요 〜ですね, 〜ますね

「〜ですね, 〜ますね」のように驚きや感心を表す場合は, 用言の活用形 I に-네요を付けます。過去形にも付けることができます。

〜ですね, 〜ますね	活用形 I -네요

(1) 정말 싸네요.　　　　　　　本当に安いですね。

(2) 거리에 사람이 전혀 없네요.　通りに人が全然いないですね。

(3) 한국어 잘하시네요.　　　　韓国語お上手ですね。

(4) 시간이 다 됐네요.　　　　もう時間になりましたね。

練習 ③ 次の語を I -네요に変えて発音してみましょう。

基本形	I -네요	基本形	I -네요
(1) 재미있다 おもしろい		(2) 어울리다 似合う	
(3) 신기하다 不思議だ		(4) 안 보이다 見えない	
(5) 어렵다 難しい		(6) 많다 多い	
(7) 걱정이다 心配だ		(8) 잘됐다 うまくいった	

2-2

1. 次の文を日本語に訳してみましょう。

(1) 좋아하는 배우가 누구예요?

(2) 수업이 없는 날에는 뭐 해요?

(3) 많은 사람들이 모였습니다.

(4) 회사원인 친구가 있습니다.

(5) 잘 어울리네요.

2. 次の文を韓国語に訳してみましょう。

(1) おもしろい映画を見ました。（おもしろい: 재미있다）

(2) よく行くところはどこですか。（ところ: 곳）

(3) 有名な人です。

(4) 本当に不思議ですね。

(5) 韓国語, お上手ですね。

3. 次の質問に韓国語で答えてみましょう。

(1) 한국어 공부 재미있죠?　韓国語の勉強, おもしろいでしょう。

(2) 요즘 유행하는 것이 뭐예요?　最近, はやっていることは何ですか。

12-B 먹은 적이 없어요?

電車の中で

다나카 : 어제 친구하고
　　　　 뭐 먹으러 갔어요?

이하늘 : 닭갈비요. 아주 맛있었어요.

다나카 : 닭갈비가 뭐예요?

이하늘 : 닭고기하고 야채를 같이 볶은 요리예요.
　　　　 먹은 적이 없어요?

다나카 : 네, 아직 없어요.

日本語訳		
田中	:	昨日, 友だちと何食べに行ったんですか。
イ・ハヌル	:	タッカルビです。とてもおいしかったです。
田中	:	タッカルビって何ですか。
イ・ハヌル	:	鶏肉と野菜を一緒に炒めた料理です。食べたことがないんですか。
田中	:	ええ, まだありません。

語句・表現

- Ⅱ-러 ~しに
- 닭갈비 タッカルビ
- 닭고기 鶏肉
- 야채 野菜
- 볶다 炒める
- Ⅱ-ㄴ ~した
- 요리 料理
- 적 こと(経験)
- 아직 まだ

発音

- 닭갈비 /닥깔비/
- 닭고기 /닥꼬기/

117

1 活用形Ⅱ-ㄴ② ～した…

動詞を過去連体形にするには, 活用形Ⅱに-ㄴを付けます。

～した…	活用形Ⅱ-ㄴ

(1) 어제 배운 내용   昨日習った内容

(2) 생일에 받은 선물   誕生日にもらったプレゼント

(3) 지난번에 간 곳   前回行った所

練習 ① 日本語に合うように空欄を埋めて文を発音してみましょう。

(1) 去年, 外国で撮った動画です。

作년에 외국에서 ＿＿＿＿＿＿ 동영상이에요.

(2) 韓服を着た人もいましたか。

한복을 ＿＿＿＿＿＿ 사람도 있었습니까?

(3) 週末に見た映画がとてもおもしろかったです。

주말에 ＿＿＿＿＿＿ 영화가 아주 재미있었어요.

(4) 授業が終わった後に一緒に行きましょう。

수업이 ＿＿＿＿＿＿ 후에 같이 가요.

2 活用形Ⅱ-ㄴ 적이 있다/없다 〜したことがある/ない

「〜したことがある」「〜したことがない」のように経験を表す場合, 活用形Ⅱに-ㄴ 적이 있다または-ㄴ 적이 없다を付けます。-이を-은 (は) や-도 (も) などの助詞に変えることもできます。

〜したことがある	活用形Ⅱ-ㄴ 적이 있다
〜したことがない	活用形Ⅱ-ㄴ 적이 없다

(1) 한국 소설을 읽은 적이 있어요?   韓国の小説を読んだことがありますか。

(2) 약속 시간에 늦은 적이 없어요.   約束時間に遅れたことがありません。

(3) 한 번 간 적은 있어요.   1度行ったことはあります。

(4) 저는 본 적도 없습니다.   私は見たこともありません。

練習② 次の文を韓国語で書いて発音してみましょう。

(1) 1度も外国に行ったことがありません。

(2) 韓国映画を見たことがありますか。

(3) お酒を飲んだことがありませんか。

(4) 韓服を着たことはあります。

3 活用形Ⅱ-러 ～しに

「～しに」のように目的を表す場合,活用形Ⅱに-러を付けます。後ろには主に가다(行く)・오다(来る)・갔다 오다(行って来る)などの移動を表す動詞が続きます。

～に	活用形Ⅱ-러

(1) 그럼 다음 주에 보러 가요.　じゃあ,来週見に行きましょう。

(2) 오전에 찾으러 오셨습니다.　午前中に受け取りにいらっしゃいました。

(3) 음료수를 사러 갔다 왔어요.　飲み物を買いに行って来ました。

練習 ③ 次の文を韓国語で書いて発音してみましょう。

반납하다 返却する　　　**콘서트** コンサート

(1) 明日,お昼ごはんを食べに行きましょう。

(2) 本を返却しに来ました。

(3) 友だちとコーヒーを飲みに行きました。

(4) コンサートを見に韓国まで行って来ました。

2-4

1. 次の文を日本語に訳してみましょう。

(1) 한국에서 찍은 사진이에요.

(2) 어제 배운 내용이에요.

(3) 술 마신 적이 있어요?

(4) 한국 소설을 읽은 적이 없어요.

(5) 점심 같이 먹으러 가요.

2. 次の文を韓国語に訳してみましょう。

(1) 空港で買ったおみやげです。 （空港: 공항, おみやげ: 선물）

(2) 私が衝撃を受けた小説です。 （衝撃: 충격, 受ける: 받다）

(3) 前に見たことがあります。 （前に: 전에）

(4) まだ食べたことがありません。

(5) お菓子を買いに行って来ました。 （お菓子: 과자）

3. 次の質問に韓国語で答えてみましょう。

(1) 어디에 여행 간 적이 있어요? どこに旅行に行ったことがありますか。

(2) 한국 드라마를 본 적이 있어요? 韓国ドラマを見たことがありますか。

13-Ⓐ 검색해 볼게요.

 教室で

다나카 : 지난번에 같이 갔던
          카페 이름이 뭐예요?

이하늘 : 팥빙수를 먹었던 카페요?

다나카 : 네, 카페 이름을 알고 싶어요.

이하늘 : 저도 잊어버렸어요.
          잠깐만요. 검색해 볼게요.

다나카 : 고마워요.

日本語訳	
田中	: このあいだ一緒に行った カフェの名前は何ですか。
イ・ハヌル	: かき氷を食べたカフェですか。
田中	: ええ, カフェの名前を知り たいんです。
イ・ハヌル	: 私も忘れてしまいました。 ちょっと待ってください。 検索してみます。
田中	: ありがとうございます。

語句・表現

- 지난번 このあいだ, 前回
- 이름 名前
- 알다 知る, 分かる
- 잠깐만 しばらく
- Ⅲ 보다 〜してみる
- Ⅲ-ㅆ던 〜した
- 팥빙수 かき氷
- 잊어버리다 忘れてしまう
- 검색 検索
- 고마워요 ありがとうございます

発 音

- 잠깐만요   /잠깐만뇨/
- 검색해 볼게요
              /검새캐볼께요/

1　活用形Ⅲ-ㅆ던　〜した…，〜だった…

| 〜した…，〜だった… | 活用形Ⅲ-ㅆ던 |

　用言を**過去連体形**にするには，活用形Ⅲに-ㅆ던を付けます。同じ過去連体形の Ⅱ-ㄴは動詞のみに付きましたが，活用形Ⅲ-ㅆ던は全ての品詞に付くことができます。 なお，活用形Ⅰ-던の形もあります。

(1)　어제 봤던 영화　　　　　昨日見た映画

(2)　옛날에 인기가 많았던 가수　昔人気が多かった歌手

(3)　시험이 있었던 날　　　　試験があった日

(4)　내가 살던 고향　　　　　わたしが住んでいた故郷

練習 ①　次の語を例のように活用形Ⅲ-ㅆ던でつないで発音してみましょう。

키가 작다, 아이　⇒　키가 작았던 아이
背が低い, 子ども　　　背が低かった子ども

(1)　좋다, 추억　　　　　よい, 思い出

(2)　재미있다, 일　　　　面白い, こと

(3)　운동을 잘하다, 친구　運動が得意だ, 友だち

(4)　머리가 길다, 시절　　髪が長い, 時期

(5)　받고 싶다, 선물　　　もらいたい, プレゼント

(6)　자주 가다, 가게　　　よく行く, 店

123

2 活用形Ⅲ 보다 ～してみる

보다は「見る」という意味で, 活用形Ⅲの後に보다を続けると「～してみる」という意味になります。過去形になると「～したことがある」というような意味になることもあります。

～してみる	活用形Ⅲ 보다

(1) 이거 한번 먹어 보세요.　これ一度食べてみてください。

(2) 저도 읽어 봤습니다.　私も読んでみました/読んだことがあります。

(3) 유럽에 가 본 적이 있어요?　ヨーロッパに行ってみたことがありますか。

練習 ② 次の語を例のように変えて発音してみましょう。

하다 する	해 보세요 してみてください	하다 する	해 봤어요 してみました
(1) 입다 着る		(2) 오다 来る	
(3) 열다 開ける		(4) 타다 乗る	
(5) 생각하다 考える		(6) 전화하다 電話する	
(7) 기다리다 待つ		(8) 찾다 探す	

3 活用形Ⅱ-ㄹ게요　〜しますよ，〜しますね

「〜しますよ」「〜しますね」のように自分の意志を表す場合，活用形Ⅱに-ㄹ게요を付けます。

| 〜しますよ，〜しますね | 活用形Ⅱ-ㄹ게요 |

★ -ㄹ게요の発音は/ㄹ께요/です。

(1) 이거 책상 위에 놓을게요.　　　これ机の上に置きますよ。

(2) 나중에 메일로 보낼게요.　　　後でメールで送りますね。

(3) 하나만 물어볼게요.　　　ちょっとお聞きします。

(4) 다시 시도해 볼게요.　　　また試してみますね。

練習③ 次の語を例のように変えて発音してみましょう。

하다 する	할게요 しますよ	하다 する	해 볼게요 やってみますね
(1) 찍다 撮る		(2) 넣다 入れる	
(3) 부르다 歌う		(4) 사다 買う	
(5) 전하다 伝える		(6) 늘리다 増やす	
(7) 믿다 信じる		(8) 읽다 読む	

2-6

1. 次の文を日本語に訳してみましょう。

(1) 인기가 있었던 가수예요.

(2) 이게 받고 싶었던 선물이에요.

(3) 잘 찾아보셨어요?

(4) 잠깐만 기다려 보세요.

(5) 제가 살게요.

2. 次の文を韓国語に訳してみましょう。

(1) 昔はよくあったことです。 (昔は: 옛날에는)

(2) おもしろかった思い出がありますか。

(3) ぜひ読んでみてください。 (ぜひ: 꼭)

(4) 私も乗ってみたことがあります。

(5) 後で電話しますね。

3. 次の質問に韓国語で答えてみましょう。

(1) 지금까지 가장 재미있었던 일이 뭐예요?
これまででいちばんおもしろかったことは何ですか。

(2) 한국 음식을 먹어 봤어요? 韓国の料理を食べたことがありますか。

13-B 며칠 동안 갈 거예요?

13-B 며칠 동안 갈 거예요?

🔊 2-7 学内の食堂で

이하늘 : 이번 연휴에 뭐 해요?

다나카 : 여행을 할 생각이에요.

이하늘 : 어디로 가요?

다나카 : 제주도요. 한라산에도 올라갈 예정이에요.

이하늘 : 며칠 동안 갈 거예요?

다나카 : 2박 3일요.

日本語訳	
イ・ハヌル	: 今度の連休に何しますか。
田中	: 旅行をするつもりです。
イ・ハヌル	: どこに行くんですか。
田中	: 済州島です。
	漢拏山にも登る予定です。
イ・ハヌル	: 何日間，行くんですか。
田中	: 2泊3日です。

語句・表現

- 이번 今回, 今度
- Ⅱ-ㄹ 〜する, 〜するだろう
- 제주도 済州島
- 올라가다 登る
- 동안 間
- Ⅱ-ㄹ 것이다 〜する, 〜するだろう
- 박 〜泊

- 연휴 連休
- 생각 考え, つもり
- 한라산 漢拏山
- 예정 予定

発音

- 할 생각이에요 /할쌩가기에요/
- 한라산에도 /할라사네도/
- 며칠 동안 /며칠똥안/
- 갈 거예요 /갈꺼예요/
- 삼 일요 /사밀료/

127

1   活用形Ⅱ-ㄹ   〜する…, 〜だろう…

「何を買うつもり」「明日行く予定」「もっと多いはず」のように用言を**推量・意志連体形**にするには, 活用形Ⅱに-ㄹを付けます。また, 後に来る名詞が때 (とき) の場合は過去・非過去に関係なく活用形Ⅱ-ㄹをよく使います。

〜する…, 〜だろう…	活用形Ⅱ-ㄹ

★ Ⅱ-ㄹの次に来る平音は濃音化します。

(1) 중국어도 배울 생각이에요.　　　　中国語も習うつもりです。

(2) 언제 갈 예정입니까?　　　　　　いつ行く予定ですか。

(3) 시간이 없을 때는 괜찮아요.　　　　時間がないときは大丈夫です。

(4) 한국에 갔을 때 샀어요.　　　　　韓国に行ったとき買いました。

練習①日本語に合うように空欄を埋めて文を発音してみましょう。

심심하다 暇だ　　　어리다 幼い

(1) 来週まで実家にいる予定です。

다음 주까지 부모님 집에 ＿＿＿＿＿ 예정이에요.

(2) 今回は釜山にも行ってみるつもりです。

이번에는 부산에도 ＿＿＿＿＿ 생각입니다.

(3) みなさんは家で暇なとき何してますか。

여러분은 집에서 ＿＿＿＿＿ 때 뭘 해요?

(4) 幼かったときはサッカー選手になりたかったです。

＿＿＿＿＿ 때는 축구 선수가 되고 싶었어요.

2 活用形Ⅱ-ㄹ 것이다　〜つもりだ，〜と思う

　活用形Ⅱ-ㄹ 것이다は「食べるつもりです」「彼も行くと思います」「来週はない と思います」のように推量や意志を表すときに使います。過去形に付けることもでき ます。

| 〜つもりだ，〜と思う | 活用形Ⅱ-ㄹ 것이다 |

★ -ㄹ 것이다の発音は/ㄹ꺼시다/です。

(1) 여름 방학에 뭐 할 거예요?　　　夏休みに何をするつもりですか。

(2) 아마 괜찮을 것입니다.　　　多分大丈夫でしょう。

(3) 회의는 벌써 끝났을 거예요.　　　会議はもう終わったと思います。

練習 ② 日本語に合うように空欄を埋めて文を発音してみましょう。

합격하다 合格する　　**문제없다** 問題ない　　**지나다** 過ぎる

(1) ハヌルさんは何を食べるつもりですか。

　　하늘 씨는 뭐 _____ ?

(2) 今度はきっと合格するつもりです。

　　이번에는 꼭 _____ .

(3) 全然問題ないと思いますよ。心配しないでください。

　　전혀 _____ . 걱정하지 마세요.

(4) もう提出期限が過ぎたと思いますよ。

　　이미 제출 기한이 _____ .

3 流音化

終声字母ㄹの次に初声字母ㄴが来ると，初声のㄴはㄹの発音に変わります。また，終声字母ㄴの次に初声字母ㄹが来ると，終声のㄴはㄹの発音に変わります。

설날 /설랄/ 旧正月
실내 /실래/ 室内

편리 /펼리/ 便利
연락 /열락/ 連絡

練習 ③ 次の単語を発音してみましょう。

(1) 원래 　　もともと

(2) 오늘날 　　今日（こんにち）

(3) 물냉면 　　水冷麺

(4) 한류 　　韓流

(5) 전라도 　　全羅道

(6) 일 년 　　1年

2-8

1. 次の文を日本語に訳してみましょう。

(1) 어렸을 때는 키가 작았어요.

(2) 다음 달에 서울에 갈 예정이에요.

(3) 꼭 잘될 거예요.

(4) 내일 오실 거예요?

(5) 원래는 그렇지 않았어요.

2. 次の文を韓国語に訳してみましょう。

(1) 発表する人がいません。 （発表する: 발표하다）

(2) ロシア語も習うつもりです。 （ロシア語: 러시아어）

(3) 多分大丈夫でしょう。

(4) 野球選手になるつもりです。 （野球: 야구）

(5) 後で連絡してみます。

3. 次の質問に韓国語で答えてみましょう。

(1) 어렸을 때 어떤 아이였어요?　幼かったころ，どんな子どもでしたか。

(2) 졸업 후에 뭐 할 거예요?　卒業後に何をするつもりですか。

14-A 오늘 수업 끝나고 뭐 해요?

廊下で

다나카 : 오늘 수업 끝나고 뭐 해요?

이하늘 : 우체국에 가서 택배를
보낼 거예요.

다나카 : 그 후에는 뭐 할 거예요?

이하늘 : 서점에 갈 거예요.

다나카 : 저도 사고 싶은 책이 있어요.

이하늘 : 그럼 정문 앞에서 만나서 같이 가요.

日本語訳	
田中	：今日，授業が終わって何しますか。
イ・ハヌル	：郵便局に行って宅配を送るつもりです。
田中	：その後には何するつもりですか。
イ・ハヌル	：書店に行くつもりです。
田中	：私も買いたい本があります。
イ・ハヌル	：じゃあ，正門の前で会って一緒に行きましょう。

語句・表現

- Ⅰ-고 ~して，~で
- 택배 宅配
- Ⅲ-서 ~して
- 우체국 郵便局
- 정문 正門

発音

- 보낼 거예요 /보낼꺼에요/
- 할 거예요 /할꺼에요/
- 갈 거예요 /갈꺼에요/

1 活用形Ⅰ-고　～して

活用形Ⅰ-고は「～して」「～で」「～し」のように**動作や状態の並列**や, **動作の先行**を表します。

～して	活用形Ⅰ-고

① 並列

(1) 분위기가 좋고 서비스도 좋아요.　雰囲気がよくてサービスもいいです。

(2) 공부도 하고 알바도 해요.　勉強もするしバイトもします。

(3) 오늘이 아니고 내일이에요.　今日じゃなくて明日です。

② 動作の先行

(4) 숙제를 하고 일찍 잤어요.　宿題をして早く寝ました。

練習① 例のように@⑥2つの文を1つの文にして発音してみましょう。

@ 아침을 먹다 朝ごはんを食べる ⑥ 학교에 가다 学校に行く
→ 아침을 먹고 학교에 가요. 朝ごはんを食べて, 学校に行きます。

(1) @ 세수를 하다 顔を洗う　⑥ 화장을 하다 化粧をする

(2) @ 키가 크다 背が高い　⑥ 아주 멋있다 とてもかっこいい

(3) @ 시간도 없다 時間もない　⑥ 돈도 없다 お金もない

(4) @ 이게 물이다 これが水だ　⑥ 그게 술이다 それがお酒だ

2 活用形Ⅲ-서 ～して

活用形Ⅲ-서は「～して」「～で」のように**理由や動作の先行**を表します。

～して	活用形Ⅲ-서

① 理由

(1) 만나서 반갑습니다.　　　　お会いできてうれしいです。

(2) 시간이 없어서 못 갔어요.　　時間がなくて行けませんでした。

② 動作の先行

(3) 한국에 가서 쇼핑하고 싶어요. 韓国に行ってショッピングしたいです。

練習 ② 例のように@ⓑ2つの文を1つの文にして発音してみましょう。

　　ⓐ 못 일어나다 起きられない　　ⓑ 지각하다 遅刻する
　　→ 못 일어나서 지각했어요. 起きられなくて遅刻しました。

(1) ⓐ 할 일이 많다 することが多い ⓑ 잘 시간이 없다 寝る時間がない

(2) ⓐ 역에서 만나다 駅で会う　　ⓑ 같이 가다 一緒に行く

(3) ⓐ 시간이 없다 時間がない　　ⓑ 못 보다 見られない

(4) ⓐ 비가 오다 雨が降る　　ⓑ 집에 있다 家にいる

3 Ⅰ-고とⅢ-서の使い分け

　Ⅰ-고とⅢ-서はどちらも動作の先行を表しますが、Ⅰ-고は前後の動作に関連がない場合、Ⅲ-서は前後の動作に直接関連がある場合、前の動作の結果が残った状態で後ろの動作を行う場合に使います。

(1)　저녁을 먹고 숙제를 했어요.　夕飯を食べて宿題をしました。

(2)　도서관에 가서 숙제를 했어요.　図書館に行って宿題をしました。

　(1)は「夕飯を食べる」と「宿題をする」は全く別の動作で直接関連がありません。「～し終わってから」と理解できる場合はⅠ-고を使うと考えてもよいでしょう。しかし、(2)は「図書館に行って(図書館で)宿題をする」という意味で「図書館に行く」と「(図書館で)宿題をする」に関連があります。

　また、Ⅰ-고は過去形にも付きますが、Ⅲ-서は過去形に付くことができません。

(3)　마음의 여유도 없었고 몸도 힘들었어요.
　　心の余裕もなかったし体もつらかったです。

練習 ③ 適切なものを選び、文を発音してみましょう。

(1) 動画を見て寝るつもりです。

　　→ 동영상을 (보고 / 봐서) 잘 거예요.

(2) レポートを提出して家に帰りましょう。

　　→ 리포트를 (제출하고 / 제출해서) 집에 가요.

(3) 夕食は外に出て食べました。

　　→ 저녁은 밖에 (나가고 / 나가서) 먹었어요.

 発音の注意

　活用形Ⅰの末尾の終声がㄴやㅁの場合、語尾の初声ㄱ、ㄷ、ㅈは濃音化します。

　　　　안고 /안꼬/ 抱いて　　　　검고 /검꼬/ 黒くて

まとめ

2-10

1. 次の文を日本語に訳してみましょう。

(1) 돈도 있고 시간도 있어요.

(2) 텔레비전을 보고 잤어요.

(3) 한국에 가서 콘서트를 봐요.

(4) 학교 앞에서 만나서 같이 가요.

(5) 늦게 일어나서 지각했어요.

2. 次の文を韓国語に訳してみましょう。

(1) よく食べて，よく遊びます。

(2) 宿題をしてお風呂に入りました。 （お風呂に入る: 목욕하다）

(3) 郵便局に行って手紙を送りました。 （手紙: 편지）

(4) デパートに行ってショッピングします。 （デパート: 백화점）

(5) お金がなくて買えません。

3. 次の質問に韓国語で答えてみましょう。

(1) 아침에 일어나서 뭘 해요? 朝起きて，何をしますか。

(2) 저녁을 먹고 뭘 해요? 夕食を食べて，何をしますか。

136

14-B 사람이 많으니까 평일에 가요.

帰り道で

이하늘 : 어디 가고 싶은 데 있어요?

다나카 : 남산에서 서울 야경을
보고 싶어요.

이하늘 : 언제가 괜찮아요?

다나카 : 내일은 안 되지만 다른 날은 괜찮아요.

이하늘 : 주말에는 사람이 많으니까 평일 저녁에 가요.

다나카 : 좋아요. 그럼 목요일에 가요.

日本語訳	
イ・ハヌル ：	どこか行きたいところ ありますか。
田中 ：	南山でソウルの夜景を 見たいです。
イ・ハヌル ：	いつが大丈夫ですか。
田中 ：	明日はだめですが， ほかの日は大丈夫です。
イ・ハヌル ：	週末には人が多いから， 平日の夕方に行きましょう。
田中 ：	いいですよ。 じゃあ，木曜日に行きましょう。

語句・表現

- 데 ところ
- 야경 夜景
- 다른 ほかの, 別の
- 평일 平日
- 남산 南山
- Ⅰ-지만 ~が, ~けど
- 날 日

発音

- 서울 야경 /서울랴경/
- 많으니까 /마느니까/

137

1 活用形Ⅰ-지만 ～けど

「～けど」「～だが」のように逆接を表す場合は, 用言の活用形Ⅰに-지만を付けます。過去形にも付けることができます。

～けど	活用形Ⅰ-지만

(1) 좀 비싸**지만** 아주 좋아요.　ちょっと高いけどとてもいいです。

(2) 조금 어렵**지만** 재미있어요.　少し難しいけどおもしろいです。

(3) 해 봤**지만** 잘 안 됐어요.　やってみたけどうまくいきませんでした。

練習 ① 例のように@ⓑ2つの文を1つの文にして発音してみましょう。

　　@ 양이 많다.　　　　　ⓑ 노력해 볼게요.
　　　量が多い。　　　　　　がんばってみます。

　→ 양이 많지만 노력해 볼게요. 量が多いけどがんばってみます。

(1) @ 자고 싶다.　　　　　ⓑ 좀 더 해 볼게요.
　　　寝たい。　　　　　　　もうちょっとやってみます。

(2) @ 사러 갔다.　　　　　ⓑ 이미 없었어요.
　　　買いに行った。　　　　すでにありませんでした。

(3) @ 형은 키가 크다.　　　ⓑ 동생은 키가 작습니다.
　　　兄は背が高い。　　　　弟は背が低いです。

(4) @ 열심히 했다.　　　　ⓑ 결과는 모르겠어요.
　　　一生懸命した。　　　　結果は分かりません。

2 活用形Ⅱ-니까　〜から，〜ので

　活用形Ⅱ-니까は「〜から」「〜ので」のように理由を表します。過去形にも付けることができます。

〜から, 〜ので	活用形Ⅱ-니까

(1) 모두 가**니까** 같이 가요.　　みんな行くから一緒に行きましょう。

(2) 시간이 없**으니까** 서두르세요.　時間がないから急いでください。

(3) 밥 먹고 왔**으니까** 괜찮아요.　ごはん食べて来たので大丈夫です。

練習 ② 例のように@ⓑ2つの文を1つの文にして発音してみましょう。

ⓐ 눈이 오다　　　　　ⓑ 다음에 가다
　雪が降る　　　　　　　今度行く

　→ 눈이 오니까 다음에 가요. 雪が降っているから，今度行きましょう。

(1) ⓐ 저는 안 쓰다　　　ⓑ 가져가시다
　　私は使わない　　　　　お持ちになる

(2) ⓐ 양이 적다　　　　ⓑ 금방 끝나다
　　量が少ない　　　　　　すぐに終わる

(3) ⓐ 재미있다　　　　ⓑ 한번 보시다
　　おもしろい　　　　　　一度ご覧になる

(4) ⓐ 동갑이다　　　　ⓑ 말을 놓다
　　同い年だ　　　　　　　ため口で話す

3 Ⅱ-니까とⅢ-서の使い分け

　Ⅱ-니까とⅢ-서はどちらも理由を表しますが，おおよその目安として日本語で「～から」と言える場合はⅡ-니까，「～て」と言える場合はⅢ-서を使うといいでしょう。

　Ⅱ-니까は過去形にも付きますが，Ⅲ-서は通常過去形には付きません。Ⅲ-서はⅡ-니까と違い，後ろに勧誘，命令，依頼，意志などの表現が来ることは通常ありません。(1) (2) は後が命令や勧誘なのでⅢ-서を使うと不自然です。

(1) 맛있으니까 먹어 봐요.　　　おいしいから食べてみてください。

(2) 문 닫았으니까 내일 또 와요.　閉店したから明日また来ましょう。

(3) 재미있어서 많이 웃었어요.　　面白くてたくさん笑いました。

(4) 길이 막혀서 늦었어요.　　　道が混んでいて遅れました。

練習 ③ 適切なものを選び，文を発音してみましょう。

(1) 雨が降っているので明日行きましょう。

　　→ 비가 (오니까 / 와서) 내일 가요.

(2) 遅れて申し訳ありません。

　　→ (늦으니까 / 늦어서) 죄송합니다.

(3) 寝坊をして試験を受けられませんでした。

　　→ 늦잠을 (자니까 / 자서) 시험을 못 봤습니다.

(4) 時間がないから早くしてください。

　　→ 시간이 (없으니까 / 없어서) 빨리 하세요.

2-12

1. 次の文を日本語に訳してみましょう。

(1) 어렵지만 재미있습니다.

(2) 주말은 안 되지만 평일은 괜찮을 거예요.

(3) 맛있으니까 드셔 보세요.

(4) 열심히 했으니까 좋은 결과가 있을 거예요.

(5) 길이 막혀서 늦었습니다.

2. 次の文を韓国語に訳してみましょう。

(1) 自信はありませんが, がんばってみます。 (自信: 자신)

(2) 待ち合わせ場所に行ったけど, 誰もいませんでした。
   (待ち合わせ場所: 약속 장소, 誰も: 아무도)

(3) つまらないから, やめました。 (やめる: 그만두다)

(4) 人が少ないから静かです。

(5) 遅れて申し訳ありません。

3. 次の質問に韓国語で答えてみましょう。

(1) 왜 한국어를 배우려고 생각했어요?
   どうして韓国語を習おうと思いましたか。

(2) 왜 늦었어요? (遅刻したと仮定して) なぜ遅れたんですか。

15-Ⓐ 진짜 최고였어요.

2-13
🔘 ライブコンサート会場で

이하늘 : 오늘 라이브 어땠어요?

다나카 : 진짜 최고였어요.

이하늘 : 다나카 씨, 원래 팬이었어요?

다나카 : 아뇨, 일본에 있었을 때는 팬이 아니었어요.

　　　　한국에 와서 팬이 됐어요.

이하늘 : 저도 제일 좋아하는 가수예요.

日本語訳	
イ・ハヌル	：今日のライブ，どうでしたか。
田中	：ほんとに最高でした。
イ・ハヌル	：田中さん，もともとファンだったんですか。
田中	：いいえ，日本にいたときはファンじゃなかったです。韓国に来てファンになりました。
イ・ハヌル	：私もいちばん好きな歌手です。

✏️ 語句・表現

- 라이브 ライブ
- 진짜 本物, ほんとに
- -이다 ～だ, ～である
- 팬 ファン
- -이/가 아니다 ～ではない
- 가수 歌手
- 어땠어요? どうでしたか
- 최고 最高
- 원래 もともと
- 때 とき
- 되다 なる

🎤 発 音

- 원래 /월래/

142

1 指定詞-이다の活用

-이다は指定詞と言い, 体言などの後に付いて「～だ・である」という意味を表します。体言などに語尾を付ける場合にはまずこの-이다を付けてから活用させます。母音で終わる体言の後では, -이-が省略されることがあります。

基本形		活用形Ⅰ	活用形Ⅱ	活用形Ⅲ
子音で終わる体言	-이다	-이-		-이어-
母音で終わる体言	-(이)다	-(이)-		-여-

★ 해요体 (非過去形) では-이에/예-の形が使われ, -이에요/예요となります。

(이)は省略可

基本形	子音で終わる体言		母音で終わる体言	
基本形	처음이다	初めてだ	최고(이)다	最高だ
Ⅰ-지만	처음이지만	初めてだけど	최고(이)지만	最高だけど
Ⅱ-니까	처음이니까	初めてだから	최고(이)니까	最高だから
Ⅲ-서	처음이어서	初めてなので	최고여서	最高なので

練習 ① （ ）の単語や語尾・表現を使って空欄を埋めて文を発音してみましょう。

(1) 私は1年生で, 姉は3年生です。 （Ⅰ-고）

　　저는 ＿＿＿＿＿＿ 언니는 삼 학년이에요.

(2) これがチケットだからなくさないでください。 （표/チケット, Ⅱ-니까）

　　이게 ＿＿＿＿＿＿ 잃어버리지 마세요.

(3) 初めは1人ですごく不安でした。 （혼자/1人, Ⅲ-서）

　　처음에는 ＿＿＿＿＿＿ 너무 불안했어요.

(4) 昨日は5時限目まで授業でした。 （수업/授業, Ⅲ-ㅆ-）

　　어제는 5교시까지 ＿＿＿＿＿＿＿＿＿＿＿＿.

2 指定詞아니다の活用

(-이/가) 아니다も指定詞で, 体言などの後に付いて「〜ではない」という意味を表します。話しことばでは-이/가が省略されることもあります。-이/가を-은 (〜は) や-도 (〜も) などの助詞に変えることもできます。

基本形	活用形Ⅰ	活用形Ⅱ	活用形Ⅲ
子音で終わる体言 -(이) 아니다	아니-		아니어-
母音で終わる体言 -(가) 아니다			

★ 해요体（非過去形）では아니에-の形が使われ, 아니에요となります。

	子音で終わる体言	母音で終わる体言
基本形	일이 아니다　仕事ではない	다가 아니다　全部ではない
Ⅰ-지만	일이 아니지만 仕事ではないけど	다가 아니지만 全部ではないけど
Ⅱ-니까	일이 아니니까 仕事ではないから	다가 아니니까 全部ではないから
Ⅲ-서	일이 아니어서 仕事ではないので	다가 아니어서 全部ではないので

練習 ②（　）の単語や語尾・表現を使って空欄を埋めて文を発音してみましょう。

(1) 明日ではなくて明後日です。　　　　　　　　　　　　　　　（Ⅰ-고）

　　＿＿＿＿＿＿＿＿＿＿＿ 모레입니다.

(2) 大きなけがではなくてよかったです。　　　　　（부상/けが, Ⅲ-서）

　　큰 ＿＿＿＿＿＿＿ 다행이에요.

(3) 私が知っている歌手ではありませんでした。　　（가수/歌手, Ⅲ-ㅆ-）

　　제가 아는 ＿＿＿＿＿＿＿＿＿＿＿.

✓ 指定詞の活用形Ⅲ

-이다, 아니다の活用形Ⅲには-이라, 아니라もあります。

3 体言-이/가 되다 ～になる

体言に付く「～になる」は，韓国語では普通-이/가 되다と言います。

～になる	子音で終わる体言	- 이 되다
	母音で終わる体言	- 가 되다

(1) 변호사가 되고 싶어요.　　　弁護士になりたいです。

(2) 꼭 간호사가 될 거예요.　　　必ず看護師になるつもりです。

(3) 벌써 여름이 됐네요.　　　もう夏になりましたね。

練習 ③ 次の文を韓国語で書いて発音してみましょう。

성우 声優

(1) 先生になるつもりです。

(2) もう6月になりました。

(3) 何になりたいですか。

(4) 声優になりたかったです。

2-14

1. 次の文を日本語に訳してみましょう。

(1) 이번이 처음이세요?

(2) 혼자여서 걱정했어요.

(3) 그게 아닐 거예요.

(4) 오늘이 아니고 내일이에요.

(5) 좋은 선생님이 될 거예요.

2. 次の文を韓国語に訳してみましょう。

(1) 今日のライブは最高でした。

(2) 私は3年生で，妹は1年生です。

(3) ファンではありません。

(4) 大きな病気じゃなくて，よかったです。 （病気: 병）

(5) 医者になりたいです。 （医者: 의사）

3. 次の質問に韓国語で答えてみましょう。

(1) 어렸을 때 뭐가 되고 싶었어요?　幼かったころ，何になりたかったですか。

(2) 지금은 뭐가 되고 싶어요?　今は何になりたいですか。

15-B 어디 아파요?

2-15

🔘 電車の中で

이하늘 : 어디 아파요?

다나카 : 네, 아침부터 머리가 좀 아파요.

이하늘 : 감기예요?

다나카 : 아뇨. 요즘 좀 바빠서
　　　　계속 늦게 잤어요.

이하늘 : 열은 없어요?

다나카 : 네, 머리만 아파요.

	日本語訳
イ・ハヌル	: どこか痛いんですか。
田中	: ええ, 朝から頭がちょっと 痛いです。
イ・ハヌル	: 風邪ですか。
田中	: いいえ, 近頃ちょっと忙し くて, 続けて遅く寝たんです。
イ・ハヌル	: 熱はありませんか。
田中	: ええ, 頭が痛いだけです。

語句・表現

● 아프다 痛い　● 머리 頭, 髪　● 감기 風邪
● 요즘 最近, 近頃　● 계속 続けて, ずっと　● 늦다 遅い
● I-게 ～く　● 열 熱　● -만 ～だけ

発音

● 계속 늦게 잤어요
　/계송느께자써요/

147

1 으語幹用言の活用

　語幹が母音ーで終わる用言のことを「으語幹用言」と言います。「으語幹用言」は以下の表のように活用します。活用形Ⅰ・Ⅱは基本形から-다を取った形です。活用形Ⅲは, 語幹末の母音ーを取って, **その一つ前の母音**が ㅏ, ㅗ, ㅑ の場合は ㅏ を付け, ㅏ, ㅗ, ㅑ **以外**の場合は ㅓ を付けます。**語幹が一文字**で ー の前に母音がない場合は ㅓ を付けます。

基本形		活用形Ⅰ	活用形Ⅱ	活用形Ⅲ
아프다	痛い		아프-	아파
기쁘다	うれしい		기쁘-	기뻐
쓰다	書く, 使う		쓰-	써

(1) 아침부터 머리가 아픕니다.　　　朝から頭が痛いです。

(2) 이 카드 쓰세요.　　　このカード, 使ってください。

(3) 배고파요?　　　おなかすきましたか。

(4) 그 얘기 듣고 정말 기뻤어요.　その話聞いて本当にうれしかったです。

練習 ① 次の語を例のように変えて発音してみましょう。

나쁘다 悪い	나쁘지만 悪いけど	나쁘니까 悪いから	나빠요 悪いです
(1) 바쁘다 忙しい			
(2) 슬프다 悲しい			
(3) 모으다 集める			
(4) 끄다 消す			
(5) 크다 大きい			

2 活用形 I -게　～に, ～く, ～ように

活用形 I -게は形容詞に付くと「～に」「～く」, 動詞に付くと「～ように」という意味の
副詞の働きをする形になります。

～に, ～く, ～ように	活用形 I -게

(1) 깨끗하게 치우세요.　　　　きれいに片付けてください。

(2) 좀 더 크게 할 수 있어요?　もうちょっと大きくできますか。

(3) 요즘 매일 공부하게 됐어요.　最近, 毎日勉強するようになりました。

【練習 ②】次の文を韓国語で書いて発音してみましょう。

이렇다 このようだ　　　그렇다 そんなだ　　　짧다 短い

(1) このように書いてください。

(2) そんなに悲しかったんですか。

(3) もうちょっと短くできますか。

(4) おいしく召し上がってください。

3 -만 〜だけ

「〜だけ」のように，何かを限定する場合には韓国語で-만といいます。

〜だけ	
子音/母音終わりの体言 **-만**	**조금만** 少しだけ **하나만** ひとつだけ

練習 ③ 次の語に-**만**を付けて発音してみましょう。

(1) **이것** これ		(2) **한 번** 1回	
(3) **한 잔** 1杯		(4) **이번** 今回	
(5) **미국** アメリカ		(6) **김밥** キムパプ	
(7) **휴일에** 休日に		(8) **우리** 私たち	

まとめ

2-16

1. 次の文を日本語に訳してみましょう。

(1) 배고파요?

(2) 이거 쓰세요.

(3) 좀 더 크게 말하세요.

(4) 이렇게 해 보세요.

(5) 한 번만 간 적이 있어요.

2. 次の文を韓国語に訳してみましょう。

(1) 頭が痛いです。

(2) とてもうれしいです。

(3) そんなに大きいですか。

(4) 私が準備することになりました。 (準備する: 준비하다)

(5) これだけは守ってください。 (守る: 지키다)

3. 次の質問に韓国語で答えてみましょう。

(1) 기뻤던 일을 이야기해 보세요. うれしかったことを話してください。

(2) 슬펐던 일을 이야기해 보세요. 悲しかったことを話してください。

16-Ⓐ 떡볶이를 만들었어요.

日本語訳

田中	: トッポッキを作ったんです。
	ちょっと味をみてください。
イ・ハヌル	: おいしそうですね。
一口食べて	
田中	: ちょっと甘くないですか。
イ・ハヌル	: いいえ, とてもおいしいです。
	ほかの韓国料理も作れますか。
田中	: ええ, キムパプも作れます。

다나카 : 떡볶이를 만들었어요.

　　　　맛 좀 보세요.

이하늘 : 맛있겠어요.

　　　一口食べて

다나카 : 좀 달지 않아요?

이하늘 : 아뇨, 아주 맛있어요.

　　　　다른 한국 요리도 만들 줄 알아요?

다나카 : 네, 김밥도 만들 수 있어요.

✏ **語句・表現**

● 만들다 作る
● Ⅰ-겠- ～だろう, ～そうだ
● Ⅱ-ㄹ 줄 알다 ～できる
● 맛 味
● 달다 甘い

🎤 **発 音**

● 한국 요리　　/한궁뇨리/
● 만들 줄　　　/만들쭐/
● 만들 수　　　/만들쑤/

1 ㄹ語幹用言の活用

語幹がㄹで終わる用言のことを「ㄹ語幹用言」と言います。「ㄹ語幹用言」は以下の表のように活用します。活用形Ⅰ・Ⅱは基本形から-다を取った形ですが，ㄴ，ㅂ，ㅅと終声ㄹで始まる語尾が後に続く場合，活用形Ⅰも活用形Ⅱもㄹが脱落します。活用形Ⅲは語幹の後に-아/어を付けます。

基本形		活用形Ⅰ	活用形Ⅱ	活用形Ⅲ
놀다	遊ぶ	놀-, 노-		놀아
만들다	作る	만들-, 만드-		만들어

(1) 집에서도 놀고 밖에서도 놀았어요.　家でも遊んで外でも遊びました。

(2) 혼자 노는 건 재미없어요.　　1人で遊ぶのはつまらないです。

(3) 그 선배하고 자주 놉니다.　　その先輩とよく遊びます。

(4) 여권 만들러 갔다 왔어요.　　パスポート作りに行って来ました。

(5) 그건 제가 만들게요.　　　　それは私が作りますね。

(6) 뭘 만드세요?　　　　　　　何を作っていらっしゃるんですか。

練習 ① 次の語を例のように変えて発音してみましょう。

걸다 かける	겁니다 かけます	거니까 かけるから	거세요 かけていらっしゃいます	걸어서 かけて
(1) 울다 泣く				
(2) 살다 住む				
(3) 알다 知る, 分かる				
(4) 열다 開ける				

2 活用形Ⅱ-ㄹ 줄 알다/모르다 ～することができる/できない

活用形Ⅱ-ㄹ 줄 알다/모르다は, あることをする能力があるかないか, やり方を知っているかどうかを表す表現です。

～することができる	活用形Ⅱ-ㄹ 줄 알다
～することができない	活用形Ⅱ-ㄹ 줄 모르다

★ -ㄹ 줄の発音は/ㄹ쭐/です。

(1) 초밥도 만들 줄 알아요.   お寿司も握れます。

(2) 한복 입을 줄 아세요?   韓服, 着られますか。

(3) 자전거 탈 줄 모르세요?   自転車乗れませんか。

(4) 중국어는 할 줄 모릅니다.   中国語はできません。

練習 ② 次の文を日本語に訳して発音してみましょう。

운전하다 運転する   한글 ハングル

(1) 이 한자 읽을 줄 아세요?

(2) 김밥은 만들 줄 압니다.

(3) 저도 운전할 줄 모릅니다.

(4) 한글 쓸 줄 모르세요?

3　活用形Ⅰ -겠-

活用形Ⅰに -겠- を付けると，**推量・意志・婉曲**を表すことができます。

| ① 推量 ② 意志 ③ 婉曲 | 活用形Ⅰ -겠- (語尾) |

そのとき，-겠- も後ろに来る語尾に合わせて次のように活用します。

推量・意志・婉曲の接尾辞	活用形Ⅰ	活用形Ⅱ	活用形Ⅲ
-겠-	-겠-	-겠으-	-겠어

① 推量

(1) 힘들겠지만 힘내세요.　　　　　大変そうだけどがんばってください。

(2) 혼자 못 먹겠으니까 가져가세요.　1人で食べられそうにないから持って行ってください。

(3) 모두 아주 놀랐겠어요.　　　　　みんなとても驚いたでしょうね。

② 意志

(4) 약속은 반드시 지키겠습니다.　約束は必ず守ります。

③ 婉曲

(5) 잘 알겠습니다.　　　　　　　よくわかりました。

練習 ③ 次の語を例のように変えて発音してみましょう。

사다 買う	사겠어요 買うつもりです	사겠습니다 買うつもりです
(1) 다녀오다 行って来る		
(2) 재미있다 おもしろい		
(3) 부탁드리다 お願いする		
(4) 책임지다 責任を持つ		

まとめ

1. 次の文を日本語に訳してみましょう。

(1) 같이 놀러 가요.

(2) 어디에 사세요?

(3) 한국 요리 만들 줄 알아요?

(4) 한글은 읽을 줄 모릅니다.

(5) 잘 모르겠습니다.

2. 次の文を韓国語に訳してみましょう。

(1) 知ることが重要です。 (重要だ: 중요하다)

(2) 1人で作るのは大変です。 (1人で: 혼자서, の: 것)

(3) 中国語できますか。

(4) パソコンは打てません。 (パソコン: 컴퓨터, 打つ: 치다)

(5) 行って来ます。

3. 次の質問に韓国語で答えてみましょう。

(1) 운전할 줄 알아요?　運転できますか。

(2) 어떤 요리를 할 줄 알아요?　どんな料理を作れますか。

16-B 정말 안 무거워요?

図書館の前で

이하늘 : 오늘 짐이 많네요.

다나카 : 네, 리포트가 있어서
　　　　책을 많이 빌렸어요.

이하늘 : 제가 들어 줄게요.

다나카 : 고마워요. 근데 무겁지 않아요?

이하늘 : 괜찮아요. 가벼워요.

다나카 : 저, 정말 안 무거워요?

日本語訳	
イ・ハヌル	：今日, 荷物が多いですね。
田中	：ええ, レポートがあって, 本をたくさん借りました。
イ・ハヌル	：私が持ってあげますよ。
田中	：ありがとうございます。 でも, 重くないですか。
イ・ハヌル	：大丈夫です。軽いです。
田中	：あの, 本当に重くないですか。

語句・表現

- 짐 荷物
- 많이 たくさん, かなり
- 들다 持つ
- 무겁다 重い
- 리포트 レポート
- 빌리다 借りる
- Ⅲ 주다 〜してあげる/くれる
- 가볍다 軽い

発音

- 많이 　　　/마니/
- 들어 줄게요 /드러줄께요/

157

1 　ㅂ不規則用言の活用

　語幹がㅂで終わる不規則用言を「ㅂ不規則用言」と言います。活用形Ⅰは基本形から-다を取った形です。活用形Ⅱは語幹末の**ㅂを取って-우-**を付け，活用形Ⅲは語幹末の**ㅂを取って-워**を付けます。

基本形	活用形Ⅰ	活用形Ⅱ	活用形Ⅲ
무겁다 重い	무겁-	무거우-	무거워

(1) 　내일도 춥겠습니다.　　　　　明日も寒いでしょう。

(2) 　그건 어려우니까 나중에 할게요.　それは難しいから後でやります。

(3) 　선물 고마워요.　　　　　　プレゼントありがとう。

✔ 規則活用とㅂ不規則活用に注意！

〈不規則活用をするもの〉
굽다 (焼く), 눕다 (横たわる), 돕다 (手伝う, 助ける), 줍다 (拾う), 가볍다 (軽い), 고맙다 (ありがたい), 귀엽다 (かわいらしい), 그립다 (恋しい), 더럽다 (汚い), 덥다 (暑い), 두껍다 (厚い), 뜨겁다 (熱い), 맵다 (辛い), 무겁다 (重い), 무섭다 (怖い), 미끄럽다 (滑りやすい), 밉다 (憎い), 반갑다 (うれしい), 부끄럽다 (恥ずかしい), 부드럽다 (柔らかい), 부럽다 (うらやましい), 새롭다 (新しい), 쉽다 (易しい), 시끄럽다 (うるさい), 아깝다 (惜しい), 아름답다 (美しい), 아쉽다 (残念だ), 어둡다 (暗い), 어렵다 (難しい), 어지럽다 (目まいがする), 즐겁다 (楽しい), 춥다 (寒い)

〈規則活用をするもの〉
좁다 (狭い), 입다 (着る), 잡다 (つかむ), 접다 (折る), 뽑다 (抜く), 씹다 (かむ), 굽다 (曲がる)

練習 ① 次の語を例のように変えて発音してみましょう。規則活用と不規則活用の
違いに注意してください。

덥다 暑い	덥습니다 暑いです	더우니까 暑いから	더워요 暑いです
(1) 춥다 寒い			
(2) 쉽다 易しい			
(3) 어렵다 難しい			
(4) 입다 着る			
(5) 좁다 狭い			
(6) 가깝다 近い			
(7) 굽다 焼く			

 活用形Ⅲに와!?

돕다 (手伝う) と곱다 (美しい) だけは, 活用形Ⅲで語幹末のㅂを取って-와を付けます。

돕다 → 도와　　　곱다 → 고와

2 活用形Ⅲ 주다 　〜してくれる，〜してあげる

　주다は「くれる，あげる」という意味がありますが，活用形Ⅲの後に주다を続けると「〜してくれる，〜してあげる」という意味になります。なお，주다를드리다に変えると「〜してさしあげる」「お〜する」という謙譲表現になります。

〜してくれる，〜してあげる	活用形Ⅲ　주다
(1)　이거 좀 가르쳐 **주세요**.	これちょっと教えてください。
(2)　내가 대신 해 **줄게요**.	僕がかわりにやってあげますよ。
(3)　역까지 들어 **줬어요**?	駅まで持ってくれた/あげたんですか。
(4)　제가 도와 **드릴게요**.	私がお手伝いしますよ。

練習 ② 次の語を例のように変えて発音してみましょう。

하다 する	해 주세요 してください	하다 する	해 줄게요 してあげますよ
(1) **보다** 見る		(2) **사다** 買う	
(3) **쓰다** 使う，書く		(4) **보내다** 送る	
(5) **읽다** 読む		(6) **굽다** 焼く	
(7) **끄다** 消す		(8) **보이다** 見せる	

✔ 〜してください

「活用形Ⅲ 주세요」は丁寧な依頼，「活用形Ⅱ-세요」はやわらかい命令(指示)を表します。

　　빨리 와 주세요. 　早く来てください。
　　　　　　　　　　　(話し手が自分のために聞き手にお願いするときなどに用いる表現)

　　빨리 오세요. 　　　早く来てください。/早く来なさい。
　　　　　　　　　　　(聞き手が早く来るべきであることを伝える表現)

2-20

1. 次の文を日本語に訳してみましょう。

(1) 너무 좁아요.

(2) 아주 쉬워요.

(3) 정말 즐거웠어요.

(4) 어려우니까 가르쳐 주세요.

(5) 짐을 들어 드릴게요.

2. 次の文を韓国語に訳してみましょう。

(1) 暑いからエアコンをつけてください。

(2) 寒くないですか。

(3) 辛くて食べられません。

(4) 後で送ってあげますよ。

(5) 私がお手伝いしますよ。

3. 次の質問に韓国語で答えてみましょう。

(1) 한국어 공부는 뭐가 어려워요? 韓国語の勉強は何が難しいですか。

(2) 친구 생일에 뭘 해 줬어요? 友だちの誕生日に何をしてあげましたか。

17-A 친구한테 들었어요.

이하늘 : 그 얘기 들었어요?

다나카 : 무슨 얘기요?

이하늘 : 이번 축제 때 유명한 가수가 와요.

다나카 : 아, 친구한테 들었어요.

이하늘 : 그날 콘서트 가요?

다나카 : 네, 꼭 갈 거예요.

日本語訳	
イ・ハヌル	: あの話, 聞きましたか。
田中	: 何の話ですか。
イ・ハヌル	: 今度の祭りのとき, 有名な歌手が来るんですよ。
田中	: ああ, 友だちに聞きました。
イ・ハヌル	: その日, コンサート行きますか。
田中	: ええ, 必ず行くつもりです。

語句・表現

- 얘기 話
- 축제 祭り
- 아 ああ
- 그날 その日
- 꼭 必ず, ぜひ
- 듣다 聞く
- 유명하다 有名だ
- -한테 ～に
- 콘서트 コンサート

発音

- 무슨 얘기 /무슨내기/
- 꼭 갈 거예요 /꼭깔꺼에요/

1 ㄷ不規則用言の活用

　語幹がㄷで終わる不規則活用を「ㄷ不規則用言」と言います。活用形Ⅰは基本形から-다を取った形です。活用形Ⅱは語幹末の**ㄷをㄹに変えて-으-**を付け, 活用形Ⅲは語幹末の**ㄷをㄹに変えて-아/어**を付けます。

基本形		活用形Ⅰ	活用形Ⅱ	活用形Ⅲ
깨닫다	気付く	깨닫-	깨달으-	깨달아
걷다	聞く	걷-	걸으-	걸어

(1)　저는 늘 많이 걷습니다.　　　私はいつもたくさん歩きます。

(2)　말을 잘 들으니까 편해요.　　言うことをよく聞くから楽です。

(3)　이 얘기 좀 들어 보세요.　　この話ちょっと聞いてみてください。

(4)　제 잘못을 이제서야 깨달았어요.　自分の過ちに今になってやっと気付きました。

 規則活用とㄷ不規則活用に注意！

　〈不規則活用をするもの〉
걷다 (歩く), 묻다 (尋ねる), 듣다 (聞く), 알아듣다 (聞き取る), 싣다 (載せる), 깨닫다 (悟る, 気づく), 긷다 (汲む), 일컫다 (称する)

　〈規則活用をするもの〉
받다 (受ける), 닫다 (閉める), 묻다 (埋める, くっつく), 믿다 (信じる), 얻다 (得る), 쏟다 (こぼす), 뜯다 (ちぎる, はがす), 걷다 ([洗濯物などを] 取り込む, [会費などを] 集める), 돋다 ([月・日が]昇る), 뻗다 (伸びる), 굳다 (固い, 固まる)

練習 ① 次の語を例のように変えて発音してみましょう。規則活用と不規則活用の
違いに注意してください。

걷다 歩く	걷습니다 歩きます	걸을게요 歩きますよ	걸어요 歩きます
(1) 믿다 信じる			
(2) 묻다 尋ねる			
(3) 받다 受ける			
(4) 듣다 聞く			
(5) 닫다 閉める			
(6) 싣다 載せる			

✓ **決まり文句**

잘 먹겠습니다. いただきます。　잘 먹었습니다. ごちそうさまです。
다녀오겠습니다. 行って来ます。　다녀왔습니다. ただいま。
다녀오세요. 行ってらっしゃい。　다녀오셨어요? お帰りなさい。

2　-한테/에게　～に

人や動物の後に付く「～に」にあたる助詞で, 使い方も「～に」とほぼ同じです。-한테は話しことば, -에게は書きことばと話しことばで用いられます。なお, 人や動物の後に付く「～から」の場合は -한테서, -에게서と言います。

(人や動物など)～に		
子音/母音終わりの体言 -한테	남동생한테 弟に	누나한테 姉に
子音/母音終わりの体言 -에게	여동생에게 妹に	언니에게 姉に

(1)　형한테 물어봤어요.　　　　　兄に尋ねてみました。

(2)　개에게 물렸어요.　　　　　　犬にかまれました。

(3)　친구한테서 메일을 받았어요.　友だちからメールをもらいました。

練習 ② 次の文を韓国語で書いて発音してみましょう。

(1)　友だちにプレゼントをもらいました。

(2)　誰にあげるつもりですか。

(3)　ご両親に尋ねてみてください。

(4)　先生から聞きました。

1. 次の文を日本語に訳してみましょう。

(1) 저는 믿어요.

(2) 짐 다 실었어요?

(3) 누구에게 들었어요?

(4) 선생님한테 물어봐요.

(5) 어머니한테 받았어요.

2. 次の文を韓国語に訳してみましょう。

(1) ここまで歩いて来ました。

(2) 聞き取れませんでした。

(3) 私の話を聞いてみてください。

(4) 窓を閉めてください。 （窓: 창문）

(5) 蚊に刺されたんですか。 （蚊: 모기, 刺される: 물리다）

3. 次の質問に韓国語で答えてみましょう。

(1) 하루에 얼마나 걸어요?　1日にどのくらい歩きますか。

(2) 생일 때 친구한테서 어떤 선물을 받았어요?
　　誕生日に友だちからどんなプレゼントをもらいましたか。

17-B 머리 잘랐어요?

日本語訳

イ・ハヌル : 髪, 切ったんですか。

田中 : ええ, 学校に来る前に
美容室に寄りました。

イ・ハヌル : 韓国の美容室は日本と
違いますか。

田中 : いいえ, 似たような感じです。
ところで, 短すぎないですか。

イ・ハヌル : いいえ。よく似合っていますよ。

이하늘 : 머리 잘랐어요?

다나카 : 네, 학교 오기 전에

미용실에 들렀어요.

이하늘 : 한국 미용실은 일본하고 달라요?

다나카 : 아뇨. 비슷해요.

근데 너무 짧지 않아요?

다나카 : 아니에요. 잘 어울려요.

✏ 語句・表現

- 자르다 切る
- Ⅰ-기 전 ~する前
- 미용실 美容室
- 들르다 寄る
- 다르다 違う, 異なる
- 비슷하다 似ている
- 너무 あまりに
- 짧다 短い
- 아니에요 違います
- 어울리다 似合う

🎙 発 音

- 한국 미용실은
/한궁미용시른/
- 비슷해요 /비스태요/
- 짧지 /짤찌/

167

1 르不規則用言の活用

　語幹が르で終わる不規則活用の用言を「르不規則用言」と言います。活用形Ⅰと活用形Ⅱは基本形から-다を取った形です。活用形Ⅲは語幹末の르を取りその**一つ前の母音が**ㅏ, ㅗの場合は**ㄹ라**を付け, ㅏ, ㅗ**以外**の場合は**ㄹ러**を付けます。

基本形	活用形Ⅰ	活用形Ⅱ	活用形Ⅲ
빠르다 速い		빠르-	빨라
누르다 押す		누르-	눌러

(1)　저는 모르겠어요.　　　　　私は知りません。

(2)　제가 먼저 부를게요.　　　　私が先に歌いますね。

(3)　말이 **빨라**서 못 알아들어요.　話すスピードが速くて聞き取れません。

(4)　그 버튼을 **눌러** 주세요.　　　そのボタンを押してください。

✔ 으語幹活用と르不規則活用に注意!

　〈르不規則用言〉
모르다 (知らない, 分からない), 다르다 (形:違う), 빠르다 (速い), 오르다 (上がる), 흐르다 (流れる), 바르다 (正しい, 塗る), 부르다 (呼ぶ, 歌う, [おなかが]いっぱいだ), 고르다 (選ぶ), 자르다 (切る), 서두르다 (急ぐ), 기르다 (飼う, 養う), 이르다 (早い, 言う)

　〈으語幹用言〉
들르다 (寄る), 따르다 (従う, ついていく, 注ぐ), 치르다 ([金を]払う, [行事などを]すませる)

練習 1 次の語を例のように変えて発音してみましょう。르不規則活用と으語幹活用の違いに注意してください。

빠르다 速い	빠릅니다 速いです	빨라요 速いです	빨랐어요 速かったです
(1) 자르다 切る			
(2) 고르다 選ぶ			
(3) 서두르다 急ぐ			
(4) 다르다 違う			
(5) 따르다 従う			
(6) 부르다 歌う, 呼ぶ			
(7) 모르다 知らない			
(8) 들르다 寄る			

✓ 러不規則用言

語幹が르で終わる用言の中には「러不規則用言」というのもあります。例えば이르다（至る）や푸르다（青い）などで, 活用形Ⅲが이르러, 푸르러のようになります。ただし, 数も少なく, 使用頻度も低いので, すぐに覚えなくてもかまいません。

2 活用形 I -기 전 ～する前

　전は「前」という意味ですが, 活用形 I -기の後ろに전を続けると「～する前」という意味になります。

～する前	活用形 I -기 전

(1) 가기 전에 알아보세요.　　　　行く前に調べてみてください。

(2) 여기 오기 전까지 몰랐어요.　　ここに来る前まで知りませんでした。

(3) 제가 태어나기 전부터 있었어요.　私が生まれる前からありました。

練習 ② 日本語に合うように空欄を埋めて文を発音してみましょう。

제출하다 提出する　　　나오다 出かける　　　입학하다 入学する

(1) 提出する前にもう一度確認してください。
　　_____ 다시 확인하세요.

(2) 出かける前に何か食べてきたんですか。
　　_____ 뭐 먹고 왔어요?

(3) 大学に入学する前から習っていました。
　　대학에 _____ 배웠어요.

(4) 子どもたちの話を聞く前までは完全に信じられませんでした。
　　아이들 말을 _____ 완전히 믿지 못했어요.

170

まとめ

1. 次の文を日本語に訳してみましょう。

(1) 전혀 몰랐습니다.

(2) 말이 너무 빨라요.

(3) 은행에 들러서 가요.

(4) 이거하고 그건 달라요.

(5) 메일을 보내기 전에 다시 한번 확인해요.

2. 次の文を韓国語に訳してみましょう。

(1) どんな歌を歌いますか。

(2) お酒を注ぎます。

(3) 選んでみてください。

(4) 昨日, 髪を切りました。

(5) 行く前にインターネットで調べてみます。(インターネット: 인터넷)

3. 次の質問に韓国語で答えてみましょう。

(1) 부를 수 있는 한국 노래가 있어요? 歌える韓国の歌がありますか。

(2) 졸업하기 전에 하고 싶은 것이 있어요?
卒業する前にしたいことがありますか。

18-Ⓐ 감기 다 나았어요?

電話で

日本語訳

イ・ハヌル	： 風邪はすっかり治りましたか。
田中	： いいえ, なかなかよくなりません。
イ・ハヌル	： まだ咳も出ますか。
田中	： ええ。それで, 喉もだいぶ腫れました。
イ・ハヌル	： 喉の風邪は治りにくいから, ゆっくり休んでください。
田中	： ええ, ありがとうございます。

이하늘 : 감기 다 나았어요?

다나카 : 아뇨. 잘 안 낫네요.

이하늘 : 아직도 기침이 나요?

다나카 : 네. 그래서 목도 많이 부었어요.

이하늘 : 목감기는 낫기 어려우니까 푹 쉬세요.

다나카 : 네, 고마워요.

✏️ **語句・表現**

- 낫다 治る
- 그래서 それで
- 붓다 腫れる
- 푹 ゆっくり (休む)
- 기침 咳
- 목 喉
- 목감기 喉の風邪

🎤 **発 音**

- 낫네요 /난네요/

1 ㅅ不規則用言の活用

　語幹がㅅで終わる不規則活用の用言を「ㅅ不規則用言」と言います。活用形Ⅰは基本形から-다を取った形です。活用形Ⅱは語幹末のㅅを取って-으-を付け，活用形Ⅲは語幹末のㅅを取って-아/어を付けます。

基本形	活用形Ⅰ	活用形Ⅱ	活用形Ⅲ
낫다 治る	낫-	나으-	나아
붓다 腫れる	붓-	부으-	부어

(1) 빨리 낫고 싶어요.　早くよくなりたいです。

(2) 그분은 늘 미소를 지으세요.　その方はいつも微笑んでいらっしゃいます。

(3) 다 나아서 지금은 괜찮아요.　すっかり治って今は大丈夫です。

(4) 모기한테 물려서 부었어요.　蚊に刺されて腫れました。

 規則活用とㅅ不規則活用に注意！

〈不規則活用をするもの〉
낫다（治る，ましだ），긋다（[線を]引く），붓다（注ぐ，腫れる），잇다（つなぐ，結ぶ引き継ぐ），젓다（かき混ぜる，漕ぐ），짓다（[表情，文章などを]作る，[家を]建てる，[ごはんを]炊く，[名前を]つける）

〈規則活用をするもの〉
웃다（笑う），씻다（洗う），벗다（脱ぐ），솟다（わく，突き出る），빼앗다（奪う）

練習 ① 次の語を例のように変えて発音してみましょう。規則活用と不規則活用の
違いに注意してください。

붓다 腫れる	붓습니다 腫れます	부으니까 腫れるから	부어요 腫れます
(1) 짓다 作る			
(2) 씻다 洗う			
(3) 벗다 脱ぐ			
(4) 잇다 つなぐ			
(5) 웃다 笑う			
(6) 빼앗다 奪う			
(7) 긋다 (線を) 引く			
(8) 낫다 ましだ, 治る			

✓ **Ⅰ-기の多様な表現**

Ⅰ-기という形は次のような多様な表現に使われます。

Ⅰ-기 좋다	～のに良い	Ⅰ-기 싫다	～のが嫌だ
Ⅰ-기 좋아하다	～のが好きだ	Ⅰ-기 싫어하다	～のが嫌いだ
Ⅰ-기 편하다	～のが楽だ	Ⅰ-기 시작하다	～しはじめる

2 活用形Ⅰ-기 쉽다/어렵다　～しやすい/しにくい

　活用形Ⅰ-기の後ろに쉽다（易しい）または어렵다（難しい）を続けると、それぞれ「～しやすい」「～しにくい」という意味になります。活用形Ⅰ-기 힘들다としても「～しにくい」という意味になります。

～しやすい	活用形Ⅰ-기 쉽다
～しにくい	活用形Ⅰ-기 어렵다

(1)　알기 쉽게 설명해 주세요.　　　　　分かりやすく説明してください。

(2)　그 의견은 받아들이기 어렵습니다. その意見は受け入れがたいです。

練習② 日本語に合うように空欄を埋めて文を発音してみましょう。

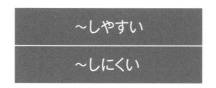

대답하다 答える　　　틀리다 間違える

(1)　私は女性の声の方が聞き取りやすかったです。

　　저는 여자 목소리가 더 ＿＿＿＿＿＿＿＿＿＿＿＿.

(2)　その質問はちょっと答えにくいです。

　　그 질문은 좀 ＿＿＿＿＿＿＿＿＿＿.

(3)　この部分は間違えやすいから気を付けてください。

　　이 부분은 ＿＿＿＿＿＿＿＿ 조심하세요.

(4)　分かりにくいのがいちばん大きい問題です。

　　＿＿＿＿＿＿＿＿＿ 게 가장 큰 문제입니다.

まとめ

2-26 **1. 次の文を日本語に訳してみましょう。**

(1) 감기 다 나았어요?

(2) 목이 많이 부었네요.

(3) 밥을 지어요.

(4) 그 사람은 말하기 편해요.

(5) 비가 내리기 시작했어요.

2. 次の文を韓国語に訳してみましょう。

(1) こっちがましです。

(2) 子どもの名前をつけました。

(3) 手をよく洗います。（手: 손）

(4) 説明が分かりやすかったです。

(5) 声が聞き取りにくいです。

3. 次の質問に韓国語で答えてみましょう。

(1) 공부하기 좋은 시간이 언제예요?　勉強するのによい時間はいつですか。

(2) 최근에 하기 시작한 것이 있어요?　最近, しはじめたことがありますか。

18-B 어떤 노래가 좋을까요?

2-27
🎵 電車の中で

	日本語訳
イ・ハヌル	隠し芸大会に出るんですか。
田中	ええ。カバーダンスをする つもりです。
イ・ハヌル	田中さんがカバーダンスを するとは知りませんでした。 ところで, 歌は決めましたか。
田中	いいえ。まだ決めていません。 どんな歌がいいでしょうか。
イ・ハヌル	この歌はどうですか。最近, 人気があるんですよ。

이하늘 : 장기 자랑 대회에 나갈 거예요?

다나카 : 네. 커버 댄스를 할 거예요.

이하늘 : 다나카 씨가 커버 댄스를

하는 줄 몰랐어요. 근데 노래는 정했어요?

다나카 : 아뇨. 아직 못 정했어요. 어떤 노래가 좋을까요?

이하늘 : 이 노래는 어때요? 요즘 인기가 많아요.

✏️ **語句・表現**

- 장기 特技　● 자랑 自慢, 誇り　● 대회 大会
- 커버 カバー　● 댄스 ダンス
- Ⅰ-는 줄 모르다 ～と思わない/知らない
- 정하다 決める　　　　● 어떤 どんな
- Ⅱ-ㄹ까요? ～でしょうか　● 인기 人気

🎙️ **発 音**

- 장기　　　　　　/장끼/
- 나갈 거예요　　/나갈꺼에요/
- 아직 못 정했어요 /아징몯쩡해써요/
- 좋을까요　　　/조을까요/
- 인기　　　　　/인끼/

177

1 連体形 줄 알다/모르다　～と思う/思わない

①は動詞と存在詞（非過去），②は動詞（過去）と形容詞・指定詞（非過去），③は全ての品詞（意志・推量）に付いて，「～と思う/思わない」という推測を表します。

～と思う/思わない	① 活用形Ⅰ-는 줄 알다/모르다
	② 活用形Ⅱ-ㄴ 줄 알다/모르다
	③ 活用形Ⅱ-ㄹ 줄 알다/모르다

(1) 여기에 있는 줄 알았어요.　　　ここにいると思っていました。

(2) 선생님도 오실 줄 몰랐습니다.　先生もお越しになると思いませんでした。

(3) 이게 얼마인 줄 알아요?　　　これがいくらだと思ってるんですか。

(4) 벌써 먹은 줄은 몰랐어요.　　　もう食べたとは思いませんでした。

줄に助詞を付けることもできます

練習 ① 次の文を韓国語で書いて発音してみましょう。

이렇게 こんなに

(1) 私が誰だと思ってるんですか。

(2) こんなにおいしいとは思いませんでした。

(3) もう終わったと思いました。

(4) 全部食べると思いませんでした。

2　活用形Ⅱ-ㄹ까요?　～でしょうか，～ましょうか

活用形Ⅱ-ㄹ까요?は「～でしょうか」「～ましょうか」のように相手の意見を尋ねるときに使います。過去形にも付けることができます。

～でしょうか, ～ましょうか	活用形Ⅱ-ㄹ까요?

(1)　이게 뭘까요?　　　　　　　　　　これは何でしょうか。

(2)　내일은 어디 갈까요?　　　　　　明日はどこ行きましょうか。

(3)　연말연시는 사람이 많을까요?　年末年始は人が多いでしょうか。

(4)　이제 문 닫았을까요?　　　　　　もう閉店したでしょうか。

練習② 次の語をⅡ-ㄹ까요?の形に変えて発音してみましょう。

基本形	Ⅱ-ㄹ까요?	基本形	Ⅱ-ㄹ까요?
(1) 마시다 飲む		(2) 안 되다 だめだ	
(3) 시키다 注文する		(4) 춥다 寒い	
(5) 걷다 歩く		(6) 낫다 治る	
(7) 재미없다 つまらない		(8) 멀다 遠い	

3 어떤 どんな～

어떤は後ろに名詞をともなう「どんな～」「どのような～」という意味です。

どんな～	어떤

(1) **어떤 식으로 할 거예요?**   どんなふうにするつもりですか。

(2) **어떤 음식을 좋아해요?**   どんな食べ物が好きですか。

(3) **부모님은 어떤 분이세요?**   ご両親はどんな方ですか。

練習 ③ 次の文を韓国語で書いて発音してみましょう。

어울리다 似合う   **성격** 性格

(1) どんな味でしたか。

(2) どんな歌が好きですか。

(3) どんな色が似合うでしょうか。

(4) どんな性格ですか。

2-28

1. 次の文を日本語に訳してみましょう。

(1) 그렇게 될 줄 알았어요.

(2) 진짜인 줄 몰랐어요.

(3) 제가 할까요?

(4) 어디로 갈까요?

(5) 그 사람은 어떤 사람이에요?

2. 次の文を韓国語に訳してみましょう。

(1) もう閉店したと思っていました。

(2) ここにいらっしゃると思いませんでした。

(3) 何を注文しましょうか。

(4) この映画はおもしろいでしょうか。

(5) どんな問題がありますか。

3. 次の質問に韓国語で答えてみましょう。

(1) 어떤 사람을 좋아해요?　どんな人が好きですか。

(2) 어떤 성격이에요?　（あなたは）どんな性格ですか。

19-Ⓐ 시간 있으면 녹음 좀 해 주세요.

19-Ⓐ 시간 있으면 녹음 좀 해 주세요.

2-29
🔘 図書館の前で

다나카 : 스피치 대회 예선 통과했어요.

이하늘 : 와, 잘됐네요.

다나카 : 시간 있으면 녹음 좀 해 주세요.

이하늘 : 네, 한국어 발음 어렵죠?

다나카 : 네. 특히 반침 발음이 어려워요.

이하늘 : 제가 녹음한 걸 들으면서 연습해 보세요.

	日本語訳
田中	：スピーチ大会の予選, 通過しました。
イ・ハヌル	：わあ, よかったですね。
田中	：時間あったら, ちょっと録音してください。
イ・ハヌル	：ええ, 韓国語の発音は難しいでしょう。
田中	：ええ。特にパッチムの発音が難しいです。
イ・ハヌル	：私が録音したのを聞きながら練習してみてください。

✏️ 語句・表現

- 스피치 スピーチ
- 통과 通過
- Ⅱ-면 ～すれば, ～したら
- 발음 発音
- 반침 パッチム
- Ⅱ-면서 ～しながら
- 예선 予選
- 와 わあ
- 녹음 録音
- 특히 特に
- 걸 ものを, ことを
- 연습 練習

🎤 発 音

- 잘됐네요 /잘된네요/
- 특히 /트키/
- 녹음한 /노그만/
- 연습해 /연스패/

182

1　活用形Ⅱ-면　～たら，～れば

活用形Ⅱ-면は「～たら」「～れば」「～なら」「～と」のように仮定を表します。

| ～たら, ～れば | 活用形Ⅱ-면 |

(1) 모르는 게 있으면 물어보세요.　分からないことがあったら聞いてください。

(2) 오늘 바쁘면 내일 가요.　今日忙しければ明日行きましょう。

(3) 장소만 알면 갈 수 있어요.　場所さえ分かれば行けますよ。

(4) 오전이 아니면 괜찮아요.　午前じゃないなら大丈夫です。

練習① 次の語をⅡ-면の形に変えて発音してみましょう。

基本形	Ⅱ-면	基本形	Ⅱ-면
(1) 볶다 炒める		(2) 모자라다 足りない	
(3) 맵다 辛い		(4) 힘들다 大変だ	
(5) 없다 ない, いない		(6) 빠르다 速い	
(7) 걱정이다 心配だ		(8) 배부르다 おなかいっぱいだ	

2 活用形Ⅱ-면서　〜ながら

　活用形Ⅱ-면서は「〜ながら」「〜つつ」のように同時を表します。また，「〜のに」「〜でありながら」「〜くせに」のように逆接も表します。

〜ながら	活用形Ⅱ-면서

(1) 동영상을 보면서 공부해요.　　動画を見ながら勉強します。

(2) 알면서 모르는 척했어요.　　知りつつ知らないふりをしました。

(3) 머리도 좋으면서 운동도 잘해요.　頭もいいのに運動も得意です。

練習 ② 次の語をⅡ-면서の形に変えて発音してみましょう。

基本形	Ⅱ-면서	基本形	Ⅱ-면서
(1) 쉬다 休む		(2) 쉽다 易しい	
(3) 졸다 居眠りする		(4) 먹다 食べる	
(5) 울다 泣く		(6) 짓다 作る	
(7) 웃다 笑う		(8) 듣다 聞く	

3 活用形Ⅰ-죠　～でしょう

　「～でしょう」「～ですよ」「～ですよね」のように同意を求めたり確認したりする場合は, 用言の活用形Ⅰに-죠を付けます。過去形に付けることもできます。なお, -죠は-지요の縮約形です。

～でしょう	活用形Ⅰ-죠

(1) 정말 멋있죠? 　　　　　　　本当にかっこいいでしょ。

(2) 이 가게 맞죠? 　　　　　　　このお店で合ってますよね。

(3) 그때 같이 있었죠. 　　　　　あのとき一緒にいましたよね。

(4) 그렇게 어렵지 않죠. 　　　　そんなに難しくないですよね。

練習 3 次の文を韓国語で書いて発音してみましょう。

(1) その友だちも一緒に行くでしょう？

(2) この問題すごく難しいですよね。

(3) あのときが初めてでしたよね。

(4) 歩くのも悪くないでしょう？

まとめ

2-30

1. 次の文を日本語に訳してみましょう。

(1) 오늘 수업이 없으면 좋겠어요.

(2) 모르는 부분이 있으면 질문하세요.

(3) 음악을 들으면서 운동을 해요.

(4) 텔레비전을 보면서 밥을 먹어요.

(5) 그 드라마 재미있죠?

2. 次の文を韓国語に訳してみましょう。

(1) 大変だったら言ってください。

(2) 足りなければ，もっと差し上げます。 （もっと: 더, 差し上げる: 드리다)

(3) 久しぶりに小説を読みながら笑いました。 （久しぶりに: 오랜만에)

(4) ときどき休みながらしましょう。 （ときどき: 가끔)

(5) この歌，いいでしょう。

3. 次の質問に韓国語で答えてみましょう。

(1) 밥을 먹으면서 뭘 해요? ごはんを食べながら何をしますか。

(2) 복권에 당첨되면 어떻게 할 거예요? 宝くじに当たったらどうしますか。

19-B 좀 물어보고 싶은데요.

 카페에서

다나카 : 저, 좀 물어보고 싶은데요.

이하늘 : 뭔데요?

다나카 : 핸드폰을 바꾸고 싶은데
뭐가 좋을까요?

이하늘 : 전 이걸 쓰는데 직접 보고 고르는 게 좋아요.

다나카 : 그렇죠? 인터넷으로 봤는데 잘 모르겠어요.

이하늘 : 그럼 나중에 같이 보러 가요.

日本語訳	
田中	：ええと、ちょっと聞きたいんですけど。
イ・ハヌル	：何ですか。
田中	：携帯電話を替えたいんですけど、何がいいでしょうか。
イ・ハヌル	：私はこれを使っていますけど、自分で見て選んだほうがいいですよ。
田中	：そうですよね。インターネットで見たんですけど、よく分かりません。
イ・ハヌル	：それなら、後で一緒に見に行きましょう。

語句・表現

- 물어보다 聞いてみる
- 뭔데요? 何ですか
- 바꾸다 替える
- 이걸 これを
- 인터넷 インターネット
- I-는데 ~するのだが
- 핸드폰 携帯電話
- II-ㄴ데 ~だが
- 직접 直接, 自分で

発音

- 그렇죠 /그러초/
- 봤는데 /봔는데/

187

1 ㅎ不規則用言の活用

　語幹がㅎで終わる不規則活用の用言を「ㅎ不規則用言」と言います。活用形Ⅰは基本形から-다を取った形です。活用形Ⅱは語幹末のㅎを**取ります**。活用形Ⅲは下記の語の場合，語幹末のㅎを取り，**語幹末の母音がㅏ，ㅓの場合はㅐに，ㅑの場合はㅒにします**。

基本形	活用形Ⅰ	活用形Ⅱ	活用形Ⅲ
빨갛다 赤い	빨갛-	빨가-	빨개
그렇다 そうだ	그렇-	그러-	그래
하얗다 白い	하얗-	하야-	하얘

(1) 그럼 이건 어떻습니까?　　じゃあ，これはどうですか。

(2) 저는 빨간 옷을 좋아해요.　　私は赤い服が好きです。

(3) 네? 정말 그랬어요?　　え，本当にそうだったんですか。

✓ 規則活用とㅎ不規則活用に注意！

〈不規則活用をするもの〉
이렇다 (こうだ)，그렇다 (そうだ)，저렇다 (ああだ)，어떻다 (どうだ)，동그랗다 (丸い)，커다랗다 (とても大きい)，하얗다 (白い)，까맣다 (黒い)，빨갛다 (赤い)，파랗다 (青い)，노랗다 (黄色い)

〈規則活用をするもの〉
좋다 (よい)，놓다 (置く)，넣다 (入れる)，낳다 (産む)，닿다 (届く)

「ㅎ不規則用言」は形容詞だけで，規則活用の形容詞は좋다だけです。

練習① 次の語を例のように変えて発音してみましょう。規則活用と不規則活用の違いに注意してください。

빨갛다 赤い	빨갛지만 赤いけど	빨가면 赤いなら	빨개서 赤くて
(1) **그렇다** そうだ			
(2) **좋다** よい			
(3) **놓다** 置く			
(4) **파랗다** 青い			
(5) **하얗다** 白い			

✔ 어不規則用言の活用

語幹が ㅓ で終わる用言のうち, 活用形Ⅲで語幹末の ㅓ が ㅐ に変わるものを어不規則用言と言います。어不規則用言は이러다 (こうする, こう言う), 그러다 (そうする, そう言う), 저러다 (ああする, ああ言う) など数語の動詞のみで, ㅎ不規則用言である이렇다 (こうだ), 그렇다 (そうだ), 저렇다 (ああだ) と, 活用形ⅡとⅢで同じ形になります。

基本形	活用形Ⅰ・活用形Ⅱ	活用形Ⅲ
이러다 こうする	이러-	이래

2 　活用形Ⅰ-는데, 活用形Ⅱ-ㄴ데　～が, ～けど

　活用形Ⅰ-는데, 活用形Ⅱ-ㄴ데は「～が」「～けれども」「～のに」のように前提
条件や逆接を表します。文末では婉曲を表し, -요を付けると丁寧になります。

	非過去, Ⅱ-시-の後ろ	Ⅲ-ㅆ-とⅠ-겠-の後ろ
動詞・存在詞	活用形Ⅰ-는데	活用形Ⅰ-는데
形容詞・指定詞	活用形Ⅱ-ㄴ데	

(1) 죄송한데 부탁이 좀 있는데요.　　すみませんが頼みがあるんですが。

(2) 너무 예쁜데 비싸요.　　すごくかわいいけど高いです。

(3) 일부러 와 봤는데 아무도 없네요.　わざわざ来てみたのに誰もいないですね。

(4) 바쁘신데 괜찮으세요?　　お忙しいのに大丈夫ですか。

練習 ② 次の語を例のように変えて発音してみましょう。

하다 する	하는데 するけど	했는데 したけど
(1) 좋다 よい		
(2) 알다 分かる		
(3) 모르다 知らない		
(4) 춥다 寒い		
(5) 맛있다 おいしい		
(6) 생일이다 誕生日だ		
(7) 가고 싶다 行きたい		

まとめ

2-32

1. 次の文を日本語に訳してみましょう。

(1) 하얀 종이에 썼어요.

(2) 정말 그래요.

(3) 잘 안 되면 이렇게 해 보세요.

(4) 어제 거기 갔는데 사람이 별로 없었어요.

(5) 죄송한데 지금 들어갈 수 있을까요?

2. 次の文を韓国語に訳してみましょう。

(1) 顔が赤いです。（顔: 얼굴）

(2) このようにするのはどうでしょうか。

(3) 行きたいけど時間がありません。

(4) よく分からないんですが。

(5) 急なことなんですが。（急だ: 급하다, こと: 일）

3. 次の質問に韓国語で答えてみましょう。

(1) 무슨 색을 좋아해요?　何色が好きですか。

(2) 한국어를 잘하고 싶은데 어떻게 하면 될까요?
韓国語が上手になりたいんですが，どうすればいいでしょうか。

20-A 지난주보다 많이 추워졌어요.

 学内の食堂で

	日 本 語 訳
田中	: 最近, 朝, 運動をするように なりました。
イ・ハヌル	: そうですか。寒くないですか。
田中	: ええ, 先週よりかなり寒く なりました。 でも, もう慣れて大丈夫です。
イ・ハヌル	: 韓国の寒さにも慣れて, もう すっかり韓国人になりましたね。

다나카 : 요즘 아침에
　　　　운동을 하게 됐어요.

이하늘 : 그래요? 춥지 않아요?

다나카 : 네. 지난주보다 많이 추워졌어요.
　　　　하지만 이제 익숙해져서 괜찮아요.

이하늘 : 한국 추위에도 익숙해지고,
　　　　이제 한국 사람이 다 됐네요.

✏️ 語句・表現

- Ⅰ-게 되다 〜ようになる
- Ⅲ-지다 〜くなる
- 이제 もう, 今
- 추위 寒さ
- -보다 〜より
- 하지만 でも
- 익숙해지다 慣れる

🎤 発 音

- 익숙해져서 /익쑤캐저서/
- 익숙해지고 /익쑤캐지고/
- 됐네요 /된네요/

192

1 活用形Ⅰ-게 되다 ～になる, ～くなる

活用形Ⅰ-게 되다は「～になる」「～くなる」「～ことになる」のように状況や状態の変化を表します。

| ～になる, ～くなる, ～ことになる | 活用形Ⅰ-게 되다 |

(1) 상황이 좀 복잡하게 **됐습니다**. 状況がちょっと複雑になりました。

(2) 이걸 넣으면 맛있게 **돼요**. これを入れるとおいしくなります。

(3) 내년에도 한국에 있게 **됐어요**. 来年も韓国にいることになりました。

練習 ① 次の文を例のように変えて発音してみましょう。

잘해요. 上手です。　→　잘하게 됐어요. 上手になりました。

(1) 밥이 딱딱해요. ごはんが固いです。

(2) 그 친구는 못 와요. その友だちは来られません。

(3) 우연히 만났어요. 偶然出会いました。

(4) 매운 음식을 좋아합니다. 辛い食べ物が好きです。

2 　活用形Ⅲ-지다　〜くなる，〜になる

　活用形Ⅲ-지다は形容詞と存在詞に付いて，「〜くなる」「〜になる」のような状態の変化を表す動詞に変えます。

〜くなる，〜になる	活用形Ⅲ -지다

(1) 여기에 뒀는데 없어**졌어요**.　　ここに置いたのになくなりました。

(2) 며칠 사이에 갑자기 추워**졌네요**.　数日の間に急に寒くなりましたね。

(3) 요즘은 많이 조용해**졌어요**.　　最近はとても静かになりました。

練習 ② 次の語を例のように変えて発音してみましょう。

없다 ない	없어져요 なくなります	없다 ない	없어졌어요 なくなりました
(1) 작다 小さい		(2) 크다 大きい	
(3) 따뜻하다 あたたかい		(4) 빠르다 速い	
(5) 빨갛다 赤い		(6) 예쁘다 かわいい	
(7) 어둡다 暗い		(8) 낫다 ましだ	

✓ 動詞の活用形Ⅲ - 지다

活用形Ⅲ-지다が動詞に付くと受身や自発の意味を表したりします。

만들다 作る　⇒ 만들어지다 作られる　주다 与える　⇒ 주어지다 与えられる

느끼다 感じる ⇒ 느껴지다 感じられる　기다리다 待つ ⇒ 기다려지다 待たれる

3 -보다 ～より

-보다は「～より」に当たる助詞で, 使い方も「～より」とほぼ同じです。

～より	
子音/母音終わりの体言 -보다	작년보다　　去年より 그저께보다　おとといより

練習 ③ 次の文を韓国語で書いて発音してみましょう。

-을/를 잘하다 ～が上手だ

(1) 先週より慣れました。

(2) 日本より安いです。

(3) 朝より夜がいいです。

(4) 私より韓国語が上手です。

 動詞に付く「より」

日本語は動詞に直接「～より」を付けることができますが, 韓国語では-보다を動詞の基本形に直接付けられず, 以下のような形になります。

가다 行く ⇒ 가기보다, 가는 것보다 行くより

まとめ

1. 次の文を日本語に訳してみましょう。

(1) 왜 그렇게 됐어요?

(2) 거기에 못 가게 됐어요.

(3) 며칠 사이에 더워졌어요.

(4) 많이 예뻐졌네요.

(5) 어제보다 따뜻해요.

2. 次の文を韓国語に訳してみましょう。

(1) 偶然，行くことになりました。

(2) 日本語を教えることになりました。

(3) 明るくなりました。（明るい: 밝다）

(4) 急に暗くなりました。

(5) 思ったより大変です。（思ったより: 생각보다/ 생각했던 것보다）

3. 次の質問に韓国語で答えてみましょう。

(1) 한국말에 익숙해졌어요?　韓国語に慣れましたか。

(2) 생각했던 것보다 힘들었던 경험이 있어요?
　思っていたより大変だった経験がありますか。

20-Ⓑ 이 책 빌려도 돼요?

교실에서

다나카 : 이 책 빌려도 돼요?

이하늘 : 네, 저는 다 읽었어요.

다나카 : 언제까지 돌려주면 돼요?

이하늘 : 언제라도 괜찮아요.

다나카 : 근데 알바는 몇 시까지 가야 돼요?

이하늘 : ⁶시까지 가면 돼요.

日本語訳

田中	：この本，借りてもいいですか。
イ・ハヌル	：ええ，私は全部読みました。
田中	：いつまでに返せばいいですか。
イ・ハヌル	：いつでも大丈夫です。
田中	：ところで，バイトは何時までに行かないといけないんですか。
イ・ハヌル	：6時までに行けばいいです。

✏ 語句・表現

● Ⅲ-도 되다 ～してもよい
● Ⅱ-면 되다 ～すればよい
● Ⅲ-야 되다 ～しなければならない
● 돌려주다 返す
● -라도 ～でも

197

1　活用形Ⅲ-도 되다　～てもいい

　活用形Ⅲに-도を続けると「～ても」という意味になり，その後に되다を続けると「～てもいい」のような許可を表す表現になります。

～してもいい	活用形Ⅲ-도 되다
(1) 여기서 사진을 찍어도 돼요?	ここで写真を撮ってもいいですか。
(2) 경험은 없어도 돼요.	経験はなくてもいいです。
(3) 양은 많아도 적어도 돼요.	量は多くても少なくてもいいです。

練習 ① 次の文を韓国語で書いて発音してみましょう。

(1) ここで待ってもいいです。

(2) 少し重くてもいいですか。

(3) 今日じゃなくてもいいです。

(4) この服，着てみてもいいですか。

✓ Ⅲ-도の多様な表現

Ⅲ-도という形は次のような多様な表現に使われます。

　　Ⅲ-도 좋다 ～してもいい　　　　　Ⅲ-도 괜찮다 ～してもかまわない

　　Ⅲ-도 상관없다 ～しても関係ない　　Ⅲ-도 소용없다 ～しても無駄だ

2 活用形Ⅱ-면 되다 ～ばいい

　活用形Ⅱ-면の後に되다を続けると「～ばいい」「～ならいい」のような条件を表す表現になります。되다を안 되다にすると「～てはいけない」「～てはだめだ」という意味になります。

～ばいい	活用形Ⅱ-면 되다

(1) 시간에 맞춰서 오시면 돼요.　時間に合わせていらっしゃればいいです。

(2) 이만큼 넓으면 되겠죠?　　これくらい広ければよさそうでしょう？

(3) 너무 비싸면 안 되는데요.　高すぎるといけないんですけど。

練習 ② 次の文を韓国語で書いて発音してみましょう。

(1) 私はここにいればいいですか。

(2) 明日までに終わらないとだめです。

(3) 難しくなければいいです。

(4) これくらい長ければよさそうでしょう？

✓ 「～まで」と「～までに」

「～まで」と「～までに」は韓国語ではどちらも-까지で表します。

　　다음 주까지 있어요.　　　来週までいます。
　　다음 주까지 돌려주세요.　来週までに返してください。

3　活用形Ⅲ-야 되다　〜なければならない

活用形Ⅲ-야の後に되다を続けると「〜なければならない」のような義務を表す表現になります。

〜なければならない	活用形Ⅲ-야 되다

(1)　약속은 지켜야 됩니다.　　約束は守らなければなりません。

(2)　먼저 가야 되겠어요.　　先に行かなくちゃいけなさそうです。

(3)　내일까지 등록해야 되죠?　　明日までに登録しないといけませんよね。

練習③　次の文を例のように変えて発音してみましょう。

더 커요. もっと大きいです。
→　더 커야 돼요. もっと大きくなければなりません。

(1)　숙제를 제출합니다.　　宿題を提出します。

(2)　많이 줄여요.　　たくさん減らします。

(3)　재학생이에요.　　在学生です。

(4)　푹 쉬세요.　　ゆっくり休んでください。

2-36

1. 次の文を日本語に訳してみましょう。

　(1) 오늘은 늦게 일어나도 돼요.

　(2) 조금 비싸도 괜찮아요.

　(3) 몇 시까지 오면 돼요?

　(4) 이것만 알면 돼요.

　(5) 반드시 가야 돼요?

2. 次の文を韓国語に訳してみましょう。

　(1) たくさん食べてもいいですよ。

　(2) 経験者でなくてもかまいません。　(経験者: 경험자)

　(3) この服, 着てみてもいいですか。

　(4) ここで写真を撮ってはいけませんか。

　(5) 午後5時までに終えなければいけません。　(終える: 끝내다/ 마치다)

3. 次の質問に韓国語で答えてみましょう。

　(1) 도서관에서 어떤 행동을 하면 안 돼요?
　　図書館でどんな行動をしてはいけませんか。

　(2) 오늘 꼭 해야 되는 일이 있어요?
　　今日, 必ずしなければならないことがありますか。

21 -A 표가 없을 것 같은데요.

 バスの中で

日本語訳

田中	：この映画, 見ましたか。
イ・ハヌル	：いいえ, まだ見ていないん ですけど, おもしろそうです。
田中	：じゃあ, 一緒に見ますか。
イ・ハヌル	：いいですよ。 今週の土曜日はどうですか。
田中	：週末にはチケットがないと 思いますよ。
イ・ハヌル	：じゃあ, 私が予約しておきます。

다나카 : 이 영화 봤어요?

이하늘 : 아뇨, 아직 안 봤는데
　　　　재미있을 것 같아요.

다나카 : 그럼 같이 볼래요?

이하늘 : 좋아요. 이번 주 토요일은 어때요?

다나카 : 주말에는 표가 없을 것 같은데요.

이하늘 : 그럼 제가 예매해 둘게요.

語句・表現

- Ⅱ-ㄹ 것 같다 ~ようだ
- Ⅱ-ㄹ래요? ~しましょうか
- 예매 前もって買うこと
- 두다 置く
- Ⅲ 두다 ~しておく

発音

- 재미있을 것 같아요 /재미이쓸꺼까타요/
- 없을 것 같은데요 /업쓸껃까튼데요/
- 둘게요 /둘께요/

1 連体形 것 같다 ～みたいだ

連体形 것 같다は「～みたいだ」「～ようだ」「～と思う」のような推量を表します。

～みたいだ

① 活用形Ⅰ-는 것 같다

② 活用形Ⅱ-ㄴ 것 같다

③ 活用形Ⅱ-ㄹ 것 같다

④ 活用形Ⅲ-ㅆ던 것 같다

①は動詞と存在詞 (非過去推量), ②は動詞 (過去推量) と形容詞・指定詞 (非過去推量), ③は全ての品詞 (不確かな推量), ④は全ての品詞 (過去推量) に付きます。

(1) 뭔가 열심히 보는 것 같았어요. 何か熱心に見ているみたいでした。

(2) 여기가 아닌 것 같은데요. ここじゃないみたいですけど。

(3) 지금은 집에 계실 것 같습니다. 今は家にいらっしゃると思います。

(4) 생각보다 맛있었던 것 같아요. 思ったよりおいしかったと思います。

練習 ① 次の文を韓国語で書いて発音してみましょう。

(1) 図書館で勉強しているみたいです。

(2) ちょっと小さいみたいです。

(3) そこには多分ないと思いますけど。

(4) そのとき一度見たと思います。

2 活用形Ⅱ-ㄹ래요 ～します(か), ～しましょうか

活用形Ⅱ-ㄹ래요は動詞と存在詞있다 (いる) に付いて「～します」のように自分の意向を表します。疑問形になると「～しますか」「～しましょうか」のように相手の意向を尋ねたり勧誘したりする表現になります。

～します(か), ～しましょうか	活用形Ⅱ-ㄹ래요

(1) 난 다시는 안 할래요.　　　　わたしは二度としません。

(2) 내일 우리 집에 오실래요?　明日，うちにいらっしゃいますか。

(3) 점심 같이 먹을래요?　　　　お昼，一緒に食べましょうか。

練習 ② 次の文を韓国語で書いて発音してみましょう。

(1) わたしは先に寝ます。

(2) 明日買いに行きましょうか。

(3) もうちょっとだけここにいますか。

(4) 一度やってみられますか。

3 活用形Ⅲ 놓다/두다　～しておく

　놓다と두다はどちらも「置く」という意味がありますが, 活用形Ⅲの後に놓다/두다を続けると「～ておく」という意味を表します。

| ～しておく | 活用形Ⅲ 놓다/두다 |

(1)　깨끗하게 청소해 **놓으세요**.　　きれいに掃除しておいてください。

(2)　호텔은 미리 예약해 **뒀어요**.　　ホテルはあらかじめ予約しておきました。

(3)　책상 위에 **놓아둘게요**.　　机の上に置いておきますね。

練習 ③ 次の語を例のように変えて発音してみましょう。

하다 する	해 놓았어요 しておきました	하다 する	해 뒀어요 しておきました
(1) 사다 買う		(2) 찾다 探す	
(3) 맡기다 任せる		(4) 남기다 残す	
(5) 묻다 埋める		(6) 이르다 言う	
(7) 바르다 塗る		(8) 열다 開ける	

2-38

1. 次の文を日本語に訳してみましょう。

(1) 밖에 비 오는 것 같네요.

(2) 이제 호텔에 도착했을 것 같은데요.

(3) 난 먼저 집에 갈래요.

(4) 이거 먹어 볼래요?

(5) 저한테 맡겨 두세요.

2. 次の文を韓国語に訳してみましょう。

(1) 誰もいないみたいです。

(2) 最近, 忙しいみたいです。

(3) 私はプルゴギを食べます。 （プルゴギ: 불고기）

(4) 今日は何しましょうか。

(5) あらかじめ準備しておきました。

3. 次の質問に韓国語で答えてみましょう。

(1) 내일은 날씨가 어떨 것 같아요?
明日は天気がどうなりそうですか。

(2) 평소에 자기 방을 깨끗이 청소해 둬요?
普段, 自分の部屋をきれいに掃除しておきますか。

21-B 만난 지 100일 됐거든요.

花屋で

다나카 : 지금 뭐 해요?

이하늘 : 꽃을 고르고 있는데
　　　　뭐가 좋을까요?

다나카 : 누구한테 줄 건데요?

이하늘 : 여자 친구한테 줄 거예요.

다나카 : 여자 친구 생일이에요?

이하늘 : 아뇨, 생일은 아닌데 만난 지 100^백일 됐거든요.

日本語訳	
田中	：今, 何してるんですか。
イ・ハヌル	：花を選んでるんですけど, 何がいいでしょうか。
田中	：誰にあげるんですか。
イ・ハヌル	：彼女にあげるんです。
田中	：彼女の誕生日ですか。
イ・ハヌル	：いいえ, 誕生日ではないんですけど, 出会ってから100日になるんです。

語句・表現

- 꽃 花
- 여자 친구 彼女
- Ⅰ-거든요 ～んです
- 건데요? ～んですか
- Ⅱ-ㄴ 지 ～してから

発音

- 있는데 　/인는데/
- 줄 건데요 /줄껀데요/
- 줄 거예요 /줄꺼에요/
- 됐거든요 /됃꺼든뇨/

1 活用形Ⅰ-는데요?, 活用形Ⅱ-ㄴ데요? ～ですか, ～ますか

活用形Ⅰ-는데요?と活用形Ⅱ-ㄴ데요?は누구 (誰), 뭐 (何), 어디 (どこ), 언제 (いつ), 무슨 (何の), 몇 (いくつ, 何～) など疑問詞を伴う疑問文でやわらかい疑問を表します。

	非過去, Ⅱ-시-の後ろ	Ⅲ-ㅆ-とⅠ-겠-の後ろ
動詞・存在詞	活用形Ⅰ-는데요?	活用形Ⅰ-는데요?
形容詞・指定詞	活用形Ⅱ-ㄴ데요?	

(1) 어디 가는데요?   どこ行くんですか。

(2) 뭐가 그렇게 좋은데요?   何がそんなにいいんですか。

(3) 언제 시작할 건데요?   いつ始めるんですか。

(4) 그때 누가 같이 있었는데요?   そのとき誰が一緒にいたんですか。

練習 ① 次の文を韓国語で書いて発音してみましょう。

필요하다 必要だ

(1) いつ全部読んだんですか。

(2) 誰と見に行くつもりなんですか。

(3) 何個必要なんですか。

(4) 何の勉強してるんですか。

2 活用形Ⅱ-ㄴ 지　〜してから

　動詞の過去連体形である活用形Ⅱ-ㄴの後に지を続けると「〜してから」という意味を表します。後ろに時間の経過に関連する表現が来るのが特徴です。

〜してから	活用形Ⅱ-ㄴ 지

(1) 한국에 온 지 6개월이 돼요.　韓国に来てから6カ月になります。

(2) 고등학교 졸업한 지 얼마 안 됐어요.

　　　　　　　　　　　高校卒業してからいくらも経っていません。

(3) 영화를 안 본 지 오래됐어요.　映画を見なくなってから久しいです。

(4) 고향을 떠난 지 올해로 10년째예요.

　　　　　　　　　　　故郷を離れてから今年で10年目です。

練習 ② 次の文を韓国語で書いて発音してみましょう。

이사 오다 引っ越してくる

(1) 韓国語を学んでから久しいです。

(2) 私たちが会ってからもう5年が経ちました。

(3) ここに引っ越してきてから何年目ですか。

(4) 私もその話を聞いてからいくらも経っていません。

3 活用形Ⅰ-거든요　〜んですよ

活用形Ⅰ-거든요は「〜んですよ」のように何か説明するときに用いられる表現です。聞き手が知らないことを述べるときに用いられます。過去形にも付けることができます。

〜んですよ	活用形Ⅰ-거든요

(1)　우리는 오늘밖에 못 가거든요. 私たちは今日しか行けないんですよ。

(2)　이번 주는 좀 바쁘시거든요.　今週はちょっとお忙しいんですよ。

(3)　저 한국 사람이 아니거든요.　私, 韓国人じゃないんですよ。

(4)　저도 한번 먹어 보고 싶었거든요. 私も一度食べてみたかったんですよ。

練習 ③ 次の文を韓国語で書いて発音してみましょう。

아무것도 何も

(1) 夕方には約束があるんですよ。

(2) 朝ごはんは食べないんですよ。

(3) 何も買えなかったんですよ。

(4) まだ大学生なんですよ。

まとめ

1. 次の文を日本語に訳してみましょう。

  (1) 언제 가시는데요?

  (2) 그게 뭔데요?

  (3) 일본에 온 지 사 년 됐어요.

  (4) 오빠는 좋은 사람이거든요.

  (5) 지금 좀 바쁘거든요.

2. 次の文を韓国語に訳してみましょう。

  (1) 傘はどこにあるんですか。 (傘: 우산)

  (2) どれくらい遠いんですか。 (どれくらい: 얼마나)

  (3) その人に会ってから10年が経ちました。

  (4) あの人は正直なんです。 (正直だ: 정직하다)

  (5) 彼氏がかっこいいんです。 (彼氏: 남자 친구, かっこいい: 잘생겼다)

3. 次の質問に韓国語で答えてみましょう。

  (1) 한국어를 배우기 시작한 지 얼마나 됐어요?
      韓国語を習い始めて, どれくらいになりますか。

  (2) 바쁜 일이 있는데 친구가 놀러 가자고 하면 어떻게 해요?
      忙しい用事があるのに友だちが遊びに行こうと言ったら, どうしますか。

211

22-Ⓐ 맛있게 드십시오.

韓国料理屋で

점　원 : 어서 오세요. 뭐 드시겠어요?

이하늘 : 한정식 2인분 주세요.

　　　料理が運ばれてくる

점　원 : 맛있게 드십시오.

다나카 : 와, 이거 다 먹을 수 있을지 모르겠네요.

이하늘 : 자, 식기 전에 빨리 먹읍시다.

다나카 : 잘 먹겠습니다.

日本語訳	
店員	: いらっしゃいませ。何になさいますか。
イ・ハヌル	: 韓定食2人前, ください。
	料理が運ばれてくる
店員	: おいしく召し上がってください。
田中	: わあ, これ全部食べられるか分かりませんね。
イ・ハヌル	: さあ, 冷める前に早く食べましょう。
田中	: いただきます。

語句・表現

- 점원 店員
- 어서 오세요 いらっしゃいませ
- 한정식 韓定食
- Ⅱ-십시오 ～なさってください
- Ⅱ-ㄹ지 ～か
- 자 さあ
- 식다 冷める
- Ⅱ-ㅂ시다 ～しましょう
- 잘 먹겠습니다 いただきます

発音

- 먹을 수 있을지 /머글쑤이쓸찌/
- 모르겠네요 /모르겐네요/
- 먹겠습니다 /먹껜습니다/

212

1 | 活用形Ⅱ-십시오　お〜ください

　活用形Ⅱ-십시오は命令の意味を表す活用形Ⅱ-세요の합니다体で，丁寧な命令や指示を表します。

お〜ください	活用形Ⅱ-십시오

(1) 맛있게 드**십시오**.　　　　　　おいしく召し上がってください。

(2) 안녕히 주무**십시오**.　　　　　　おやすみなさい。

(3) 올바른 방법으로 이용해 주**십시오**.　正しい方法でご利用ください。

(4) 새해 복 많이 받으**십시오**.　　　明けましておめでとうございます。

練習 ① Ⅱ-**십시오**を使って次の文を韓国語で書いて発音してみましょう。

편하게 楽に　　　　　**문의하다** 問い合わせる

(1) こちらへいらしてください。

(2) 楽にお座りください。

(3) これをお使いください。

(4) 電話でお問い合わせください。

2 活用形Ⅱ-ㅂ시다 ～しましょう

活用形Ⅱ-ㅂ시다は「～しましょう」という丁寧な勧誘を表します。

| ～しましょう | 活用形Ⅱ-ㅂ시다 |

(1) 점심이나 같이 먹읍시다.　　　昼食でも一緒に食べましょう。

(2) 다음에는 영화라도 봅시다.　　　次は映画でも食べましょう。

(3) 수업 중에 스마트폰을 만지지 맙시다.

　　　　　　　授業中にスマートフォンをさわるのはやめましょう。

練習 ② 次の語をⅡ-ㅂ시다の形に変えて発音してみましょう。

基本形	Ⅱ-ㅂ시다	基本形	Ⅱ-ㅂ시다
(1) 씻다 洗う		(2) 그만두다 やめる	
(3) 쉬다 休む		(4) 시작하다 始める	
(5) 만들다 作る		(6) 듣다 聞く	
(7) 눕다 横になる		(8) 고르다 選ぶ	

✔ 活用形Ⅱ-시죠

目上の人に「お～ください」「～ましょう」という場合はⅡ-시죠を使います。

　　　　여기 앉으시죠.　　こちらにお座りください。
　　　　자, 가시죠.　　さあ参りましょう。

3 活用形Ⅰ-는지, 活用形Ⅱ-ㄴ지/ㄹ지　〜か

活用形Ⅰ- 는지, 活用形Ⅱ- 는지 /ㄹ지は「〜か」のように文中での疑問を表します。

〜か	非過去, Ⅱ-시-の後	Ⅲ-ㅆ-の後	Ⅰ-겠-の後
動詞・存在詞	Ⅰ-는지	Ⅰ-는지	Ⅰ-는지
形容詞・指定詞	Ⅱ-ㄴ지		
全品詞	Ⅱ-ㄹ지		

(1) 어디서 파는지 알아볼게요. 　どこで売っているか調べてみます。

(2) 뭐가 좋은지 가르쳐 주세요. 　何がいいか教えてください。

(3) 갈지 안 갈지 모르겠어요. 　行くか行かないかわかりません。

(4) 언제였는지 기억이 안 나요. 　いつだったか覚えていません。

練習 ③ （　）の語尾を使って, 次の文を韓国語で書いて発音してみましょう。

시작되다 始まる

(1) どれがおもしろいか教えてください。 （Ⅰ-는지）

(2) いつ始まったのか調べてみます。 （Ⅰ-는지）

(3) それが本当なのかわかりません。 （Ⅱ-ㄴ지）

(4) その方がいつ来るか知っていますか。 （Ⅱ-ㄹ지）

2-42

1. 次の文を日本語に訳してみましょう。

(1) 맛있게 드십시오.

(2) 안녕히 주무십시오.

(3) 그럼 시작합시다.

(4) 그 사람이 어디 갔는지 아세요?

(5) 잘할 수 있을지 자신이 없어요.

2. 次の文を韓国語に訳してみましょう。

(1) いらっしゃいませ。

(2) 明けましておめでとうございます。

(3) 考えてみましょう。

(4) どれほどありがたいか分かりません。（どれほど: 얼마나）

(5) どこで買ったか覚えていません。

3. 次の質問に韓国語で答えてみましょう。

(1) 요즘 연예인 중에서 누가 인기가 있는지 가르쳐 주세요.
最近，芸能人の中で誰が人気があるか，教えてください。

(2) 요즘 어떤 앱이 인기가 있는지 가르쳐 주세요.
最近，どんなアプリが人気があるか，教えてください。

22-B 또 감기에 걸려 버렸어요.

電話で

日本語訳

イ・ハヌル ： また風邪をひいてしまいました。

田中 ： そういえば, 声がちょっと変ですね。

イ・ハヌル ： それで, 明日, 行けそうにないです。

田中 ： 私は大丈夫です。
今度行けばいいですよ, まあ。

イ・ハヌル ： 田中さん, かなり行きたがって
いたのに, ごめんなさい。

田中 ： いいえ。無理しないで,
ゆっくり休んでください。

이하늘 : 또 감기에 걸려 버렸어요.

다나카 : 그러고 보니 목소리가 좀
이상하네요.

이하늘 : 그래서 내일 못 갈 것 같아요.

다나카 : 전 괜찮아요. 다음에 가면 되죠, 뭐.

이하늘 : 다나카 씨 너무 가고 싶어 했는데 미안해요.

다나카 : 아니에요. 무리하지 말고 푹 쉬세요.

語句・表現

- 걸리다 かかる
- 그러고 보니 そういえば
- 이상하다 変だ
- Ⅲ-하다 ～がる
- 무리 無理
- Ⅲ 버리다 ～してしまう
- 목소리 声
- 뭐 まあ
- 미안하다 すまない
- Ⅰ-지 말다 ～しない(禁止)

発音

- 못 갈 것 같아요
  /몯깔껃까타요/
- 싶어 했는데 /시퍼핸는데/
- 미안해요 /미아내요/

217

1 活用形Ⅲ 버리다　〜してしまう

버리다はもともと「捨てる」という意味ですが, 活用形Ⅲの後に버리다を続けると「〜してしまう」という意味になります。

〜してしまう	活用形Ⅲ 버리다

(1) 결국 잠들어 버렸어요.　　結局眠ってしまいました。

(2) 빨리 끝내 버리세요.　　早く終わらせてしまってください。

(3) 다 먹어 버립시다.　　みんな食べてしまいましょう。

(4) 전부 잊어버리세요.　　全部忘れてしまってください。

練習 ① 次の文を韓国語で書いて発音してみましょう。

떨어지다 落ちる　　　엉망진창 めちゃくちゃ

(1) 難しいものからやってしまってください。

(2) 試験に落ちてしまいました。

(3) 終わりまで読んでしまいましょう。

(4) めちゃくちゃになってしまいました。

2 活用形Ⅲ-하다 〜がる

活用形Ⅲ-하다は形容詞に付いて、「〜がる」のように形容詞を動詞に変える働きをします。

〜がる	活用形Ⅲ-하다

기쁘다 うれしい   기뻐하다   うれしがる、喜ぶ

부럽다 うらやましい   부러워하다   うらやましがる、うらやむ

(1) 너무 무서워하지 마세요.   あまり怖がらないでください。

(2) 할아버지가 저를 귀여워해 주셨어요.

                        祖父が私をかわいがってくださいました。

練習 ② 次の語を例のように変えて発音してみましょう。

기쁘다 うれしい	기뻐해요 喜びます	기쁘다 うれしい	기뻐했어요 喜びました
(1) 슬프다 悲しい		(2) 부끄럽다 恥ずかしい	
(3) 즐겁다 楽しい		(4) 재미있다 おもしろい	
(5) 외롭다 寂しい		(6) 아쉽다 残念だ	
(7) 고맙다 ありがたい		(8) 아프다 痛い	

3　活用形Ⅰ-지 말다　～ない

　活用形Ⅰ-지 말다は主に命令文や勧誘文で使われ，「～ない」「～のはやめる」
という禁止の意味を表します。

～ない[禁止]	活用形Ⅰ-지 말다

(1)　절대로 놀라**지 마세요**.　絶対に驚かないでください。

(2)　에스컬레이터에서 걷**지 맙시다**.　エスカレーターで歩くのはやめましょう。

(3)　떠들**지 말고** 조용히 합시다.　騒がないで静かにしましょう。

練習 ③ 次の文を韓国語で書いて発音してみましょう。

포기하다 諦める　　　**고민하다** 悩む

(1)　私を信じないでください。

(2)　あまり恥ずかしがらないでください。

(3)　諦めないでやってみてください。

(4)　1人で悩むのはやめましょう。

2-44

1. 次の文を日本語に訳してみましょう。

(1) 다 잊어버리세요.

(2) 빨리 끝내 버립시다.

(3) 모두 기뻐하실 거예요.

(4) 부러워하지 마세요.

(5) 다른 사람한테 말하지 마세요.

2. 次の文を韓国語に訳してみましょう。

(1) 結局，泣いてしまいました。

(2) 残った食べ物を全部，食べてしまいましょう。

(3) 友だちが残念がっていました。

(4) あまり悲しまないでください。

(5) 心配しないでください。

3. 次の質問に韓国語で答えてみましょう。

(1) 수업 중에 뭘 하면 안 돼요?　授業中に何をしてはいけませんか。

(2) 지금까지 어떤 실수를 했어요?
これまでに，どんな失敗をしてしまいましたか。

221

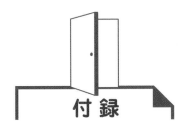

付 録

① 終声の中和1

表記ではさまざまな終声字母 (パッチム) が書かれますが, 終声の発音は7つしかありません。

表記	ㅂㅍ	ㄷㅌㅅㅆ ㅈㅊㅎ	ㄱㅋㄲ	ㅁ	ㄴ	ㅇ	ㄹ
発音	[ᵖ]ㅂ	[ᵗ]ㄷ	[ᵏ]ㄱ	ㅁ	ㄴ	ㅇ	ㄹ

앞 前 → /압/
있다 ある, いる → /읻따/
부엌 台所 → /부억/

끝 終わり → /끋/
낮 昼 → /낟/
낚시 釣り → /낙씨/

옷 服 → /옫/
꽃 花 → /꼳/

② 終声の中和2 ―― 二重パッチム

表記	左の字母を読むもの				右の字母を読むもの		
	ㄵㄶ	ㄲㄿㄽㄾ	ㅄ	ㄳ	ㄺ	ㄻ	ㄿㄼ
発音	ㄴ	ㄹ	ㅂ	ㄱ	ㄱ	ㅁ	ㅂ

※ㄼは, ほとんどの場合ㄹを発音し, 밟다 (踏む) や넓적하다 (平べったい) などごく一部の単語のみㅂを発音します。

앉다 座る → /안따/
싫다 嫌いだ →/실타/
값 値段 → /갑/
삶 生 → /삼/

많다 多い → /만타/
외곬 一筋 → /외골/
몫 分け前 → /목/
읊다 詠(よ)む → /읍따/

여덟 八つ → /여덜/
핥다 なめる → /할따/
닭 鶏 → /닥/
밟다 踏む → /밥따/

③ 連音化

　終声字母のある文字の次に母音で始まる（ㅇの表記で始まる）文字が来ると，前の文字の終声字母は次の音節の初声として発音されます。ただし，④終声の初声化，⑦ㅎの弱化，⑩ㄴ添加の場合を除きます。なお，二重パッチムの場合には，右の字母が初声位置に移動します。

〈表記〉	〈発音〉	〈表記〉	〈発音〉
밥을	⇒ /바블/	얼음	⇒ /어름/
ご飯を	次の音節の初声として発音	氷	次の音節の初声として発音

일본어 日本語 → /일보너/　　　　　있어요 あります，います → /이써요/
음악 音楽 → /으막/　　　　　　　발이 足が → /바리/
밝아요 明るいです → /발가요/　　　깊어요 深いです → /기퍼요/

　終声字母ㅇの場合には，連音化現象をハングルで表すことができないため，発音記号を使って示しておきます。つまり，ㅇの発音ŋが初声となり，日本語のガ行鼻濁音のようになります。「/」は発音の区切りを表します。
　　　　　나중에 後でnadʒuŋe →na/dʒu/ŋe

④ 終声の初声化

　子音で終わる語の後に母音で始まる体言や用言などが続くとき，終声字母（パッチム）の発音そのものでなく，①・②の規則が適用された終声が後の語の初声の位置に移行（連音化）します。

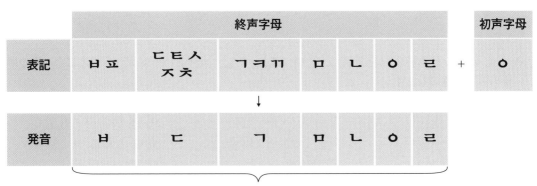

この発音を連音化させる

무릎 膝 + 위 上 → 무릎 위 膝の上 → /무릅/ + /위/ → /무르뷔/
첫 初 + 인상 印象 → 첫인상 第一印象 → /첟/ + /인상/ → /처딘상/
부엌 台所 + 안 中 → 부엌 안 台所の中 → /부억/ + /안/ → /부어간/

⑤ 濃音化

終声[ᵖ]・[ᵗ]・[ᵏ]の後に平音の初声字母が来ると，初声字母で書かれた音は濃音で発音されます。

学번 学籍番号 → /학뻔/　　목도리 マフラー → /목또리/
밑줄 下線 → /믿쭐/　　입술 唇 → /입쑬/　　　악기 楽器 → /악끼/

⑥ 閉鎖音の鼻音化

終声[ᵖ]・[ᵗ]・[ᵏ]の後にㄴまたはㅁがあると鼻音化が起こり，[ᵖ]はㅁ，[ᵗ]はㄴ，[ᵏ]はㅇの音になります。

입문 入門 → /임문/　　거짓말 嘘 → /거진말/　　한국말 韓国語 → /한궁말/

⑦ ㅎの弱化

⑴ 終声字母ㅎの後にㅇで始まる文字が来ると，連音化せずそのㅎは全く発音されなくなります。

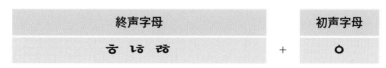

ㅎを発音しない

좋아요 いいです → /조아요/　　넣어요 入れます → /너어요/

(2) 終声字母 ㅁ, ㄴ, ㅇ, ㄹ の後にㅎで始まる文字が来ると，ㅎは発音せず連音化します。

終声字母		初声字母		初声
ㅁ ㄴ ㅇ ㄹ	+	ㅎ	→	ㅁ ㄴ ㅇ ㄹ

다음해 翌年 → /다으매/　　전화 電話 → /저놔/

조용히 静かに → /조용이/　　결혼 結婚 → /겨론/

⑧ 激音化

(1) 終声 [ᴾ]・[ᵗ]・[ᵏ] の後にㅎが来ると[ᴾ]はㅍ，[ᵗ]はㅌ，[ᵏ]はㅋの音になります。

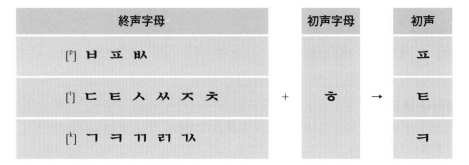

終声字母	初声字母	初声
[ᴾ] ㅂ ㅍ ㅄ		ㅍ
[ᵗ] ㄷ ㅌ ㅅ ㅆ ㅈ ㅊ	ㅎ →	ㅌ
[ᵏ] ㄱ ㅋ ㄲ ㄺ ㄳ		ㅋ

입학 入学 → /이팍/　　몇 해 何年間 → /며태/　　　육회ユッケ → /유쾨/

(2) 終声字母ㅎの後にㄱ, ㄷ, ㅈで始まる文字が来ると，それぞれㅋ, ㅌ, ㅊの音になります。

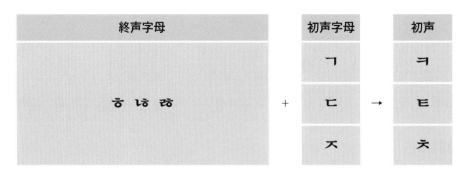

終声字母	初声字母	初声
ㅎ ㄶ ㅀ	ㄱ	ㅋ
	ㄷ →	ㅌ
	ㅈ	ㅊ

좋고 よくて → /조코/　　좋다 いい → /조타/　　싫죠 嫌でしょ → /실초/

⑨ 流音化

終声ㄹの次に初声ㄴが来ると，初声のㄴはㄹの発音に変わります。また，終声ㄴの次に初声ㄹが来ると，終声のㄴはㄹの発音に変わります。

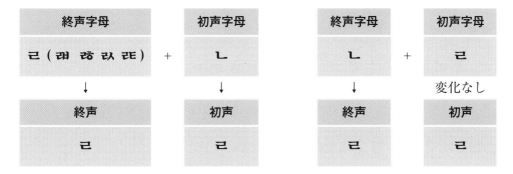

실내 室内 → /실래/　　　　　　편리 便利 → /펼리/

⑩ ㄴ添加

子音で終わる単語の次に야, 이, 유, 애, 예, 여, 요で始まる単語が来ると，ㄴが添加されそれぞれ/냐, 니, 뉴, 내, 녜, 녀, 뇨/という発音に変わります。なお，この変化は単語と単語などが結びつく場合に起こります。

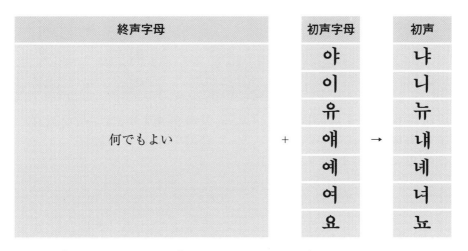

무슨 何 + 요일 曜日 → 무슨 요일 何曜日 → /무슨뇨일/
한 真〜 + 여름 夏 → 한여름 真夏 → /한녀름/

⑪ 流音の鼻音化

終声字母		初声字母	初声
ㄴ,ㄹ以外	+	ㄹ →	ㄴ

능력 能力 → /능녁/　　　심리 心理 → /심니/

※ㄴの後では原則的に⑨の流音化が生じますが, 複合語の境界では鼻音化が生じます。

생산 生産 + 력 力 → 생산력 生産力 → /생산녁/

⑫ 口蓋音化
終声字母ㄷ・ㅌの後に助詞や接辞이・히が続く場合に起こります。

終声字母		初声字母	初声
ㄷ	+	히 →	치
		혀 →	처
		이 →	지
ㅌ	+	이 →	치
		여 →	처

닫히다 閉まる → /다치다/　　　닫혀요 閉まります → /다처요/
굳이 無理に, 強いて → /구지/　　　같이 一緒に → /가치/
붙여요 くっつけます → /부처요/

		母音終わりの体言	子音終わりの体言	
			ㄹで終わるもの	ㄹ以外で終わるもの
は		-는	-은	
が		-가	-이	
を		-를	-을	
と		-와	-과	
		-하고		
も		-도		
に	事物・場所	-에		
	人・動物	-에게 / 한테		
へ	方向	-로		-으로
で	道具・手段			
	場所	-에서 / 서		
から	事物・場所			
	時刻・時期	-부터		
	人・動物	-에게서 / 한테서		
まで		-까지		
の		-의		
より		-보다		
だけ		-만		

3. 用言の活用

活用の種類		基本形	語幹	活用形Ⅰ	活用形Ⅱ	活用形Ⅲ
活用形の作り方など		すべて -다で終わる。	基本形から -다を取る。	語幹と同じ。	語幹が母音で終わる場合は語幹のまま。語幹が子音で終わる場合は語幹に -으-を付ける。	語幹の最後の母音が ㅏ, ㅗ, ㅑ の場合は語幹 -아語幹の最後の母音が上記以外の場合は語幹 -어
子音語幹		작다 小さい	작-	작-	작으-	작아
		좋다 よい	좋-	좋-	좋으-	좋아
		먹다 食べる	먹-	먹-	먹으-	먹어
		있다 ある, いる	있-	있-	있으-	있어
母音語幹	ⅠⅡⅢ同じ	싸다 安い	싸-	싸-		
		내다 出す	내-	내-		
		서다 立つ	서-	서-		
		펴다 開く	펴-	펴-		
		세다 強い, 数える	세-	세-		
	Ⅲで縮約	오다 来る	오-	오-		와(← *오아)
		보다 見る	보-	보-		봐(←보아)
		주다 与える	주-	주-		줘(←주어)
		되다 なる	되-	되-		돼(←되어)
		마시다 飲む	마시-	마시-		마셔(←마시어)
		쉬다 休む	쉬-	쉬-		쉬어
指定詞		-이다 ~だ	-이-	-이-		-이어※(子音終わりの体言の後) -여※(母音終わりの体言の後)
		아니다 ~ではない	아니-	아니-		아니어 / 아니라
後に続く語尾など				-습니다/ㅂ니다, -지 않다, -지 못하다, -는, -겠-など	-ㄴ, -ㄹ, -시-, -면, -면서など	-요, -서, -도, -야, -从-など

※ -요の前では -이에-, -예-。

活用の種類	基本形	語幹	活用形Ⅰ	活用形Ⅱ	活用形Ⅲ
ㅂ不規則	춥다 寒い	춥-	춥-	추우-	추워
	돕다 助ける	돕-	돕-	도우-	도와
ㄷ不規則	깨닫다 気づく	깨닫-	깨닫-	깨달으-	깨달아
	걷다 歩く	걷-	걷-	걸으-	걸어
ㅅ不規則	낫다 ましだ, 治る	낫-	낫-	나으-	나아
	짓다 作る	짓-	짓-	지으-	지어
ㅎ不規則	빨갛다 赤い	빨갛-	빨갛-	빨가-	빨개
	그렇다 そうだ	그렇-	그렇-	그러-	그래
으語幹	나쁘다 悪い	나쁘-	나쁘-		나빠
	예쁘다 かわいい	예쁘-	예쁘-		예뻐
	쓰다 書く, 使う	쓰-	쓰-		써
ㄹ語幹	놀다 遊ぶ	놀-	놀-/노-※		놀아
	길다 長い	길-	길-/기-※		길어
르不規則	빠르다 速い	빠르-	빠르-		빨라
	부르다 呼ぶ	부르-	부르-		불러
여不規則	하다 する	하-	하-		해/하여
러不規則	이르다 至る	이르-	이르-		이르러
어不規則	그러다 そうする	그러-	그러-		그래
우不規則	푸다 汲む	푸-	푸-		퍼
後に続く語尾など			-습니다/ㅂ니다, -지 않다, -지 못하다, -는, -겠-など	-ㄴ, -ㄹ, -시-, -면, -면서など	-요, -서, -도, -야, -ㅆ-など

※ㄴ, ㅅ, ㅂで始まる語尾や終声ㄹで始まる語尾が後に続く場合は右側の形。

4. 身体部位

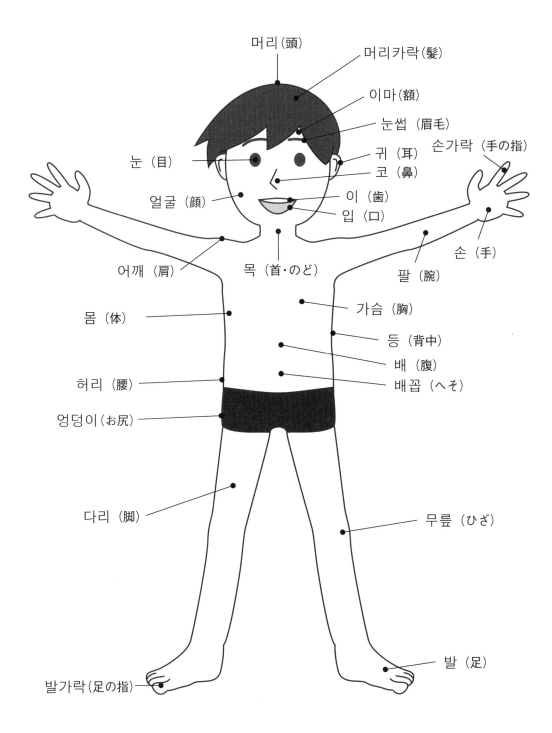

머리（頭）

머리카락（髪）

이마（額）

눈썹（眉毛）

눈 （目）

귀 （耳）

손가락 （手の指）

코 （鼻）

얼굴（顔）

이 （歯）

입 （口）

손 （手）

어깨 （肩）

목（首・のど）

팔 （腕）

몸 （体）

가슴 （胸）

등 （背中）

배 （腹）

허리 （腰）

배꼽 （へそ）

엉덩이（お尻）

다리 （脚）

무릎 （ひざ）

발 （足）

발가락（足の指）

ロシア
러시아

清津 청진 ⊙

中国
중국

恵山 혜산 ●

咸鏡北道
함경북도

両江道
량강도

⊙江界
강계

朝鮮民主主義人民共和国(北朝鮮)
조선민주주의인민공화국(북한)

慈江道
자강도

咸鏡南道
함경남도

⊙新義州
신의주

平安北道
평안북도

咸興
함흥

平安南道
평안남도

⊙平城
평성

⊙元山
원산

⊙平壌
평양

⊙沙里院
사리원

黄海北道
황해북도

江原道
강원도

黄海南道
황해남도

開城
개성

束草
속초

⊙海州
해주

京畿道
경기도

江陵
강릉

⊙江華島
강화도

春川
춘천

江原道
강원도

鬱陵島
울릉도

仁川⊙
인천

ソウル⊙
서울

⊙水原
수원

忠清北道
충청북도

忠清南道
충청남도

清州청주

安東
안동

大田대전

慶尚北道
경상북도

公州공주

浦項
포항

扶余 부여

慶州
경주

大韓民国(韓国)
대한민국(한국)

⊙全州
전주

大邱
대구

全羅北道
전라북도

蔚山
울산

務安
무안⊙

⊙光州
광주

慶尚南道
경상남도

木浦
목포

昌原
창원

釜山
부산

全羅南道
전라남도

麗水
여수

巨済島
거제도

珍島
진도

⊙済州
제주

済州道
제주도

6. 韓日語彙リスト

ㄱ

가게	店
가깝다	近い
가끔	ときどき
가능	可能
가능성	可能性
가다	行く
가르치다	教える
가방	カバン
가볍다	軽い
가사	歌詞
가수	歌手
가슴	胸
가운데	真ん中
가을	秋
가장	いちばん, 最も
가져가다	持っていく
가져오다	持ってくる
가족	家族
가지다	持つ
간	~間
간호사	看護師
갈비	カルビ
갈비탕	カルビスープ
감기	風邪
감기약	風邪薬
감다	(目を)閉じる
감다	(髪を)洗う
감사	感謝
감상	鑑賞
갑자기	突然, 急に
값	値段
강	川
강아지	子犬
강하다	強い
갖다	持つ
같다	同じだ
같이	一緒に
개	犬
개	~個
개띠	いぬ年
개월	~か月
거	こと, もの
거기	そこ
거리	距離
거리	通り

거울	鏡
거의	ほとんど
거짓말	嘘
걱정	心配
건	ことは,ものは
건강	健康
건강하다	健康だ
건너다	渡る
건물	建物
건배	乾杯
걷다	歩く
걷다	取り込む, (会費などを)集める
걸	ことを, ものを
걸다	かける
걸리다	(時間, 病気など)かかる, (風邪を)ひく
걸어가다	歩いていく
걸어오다	歩いてくる
검다	黒い
검색	検索
것	こと, もの
게	ことが, ものが
게임	ゲーム
겨우	やっと, ようやく
겨울	冬
결과	結果
결국	結局
결론	結論
결정	決定
결혼	結婚
경우	場合
경험	経験
경험자	経験者
계단	階段
계산	計算
계속	ずっと
계속하다	続ける
계시다	いらっしゃる
계절	季節
계획	計画
고급	高級
고기	肉
고등학교	高校
고등학생	高校生
고르다	選ぶ

고맙다	ありがたい
고민	悩み
고민하다	悩む
고생	苦労
고양이	猫
고추	唐辛子
고추장	コチュジャン
고춧가루	唐辛子粉
고프다	(おなかが)すく
고향	故郷
곧	すぐに
곱다	美しい
곳	所
공	零
공	ボール
공무원	公務員
공부	勉強
공원	公園
공짜	ただ, 無料
공포 영화	ホラー映画
공항	空港
과	~科
과	~課
과목	科目
과일	果物
과자	お菓子
관계	関係
관련	関連
관심	関心
괜찮다	大丈夫だ, かまわない
굉장히	すごく
교과서	教科書
교사	教師
교수	教授
교시	~時間目, ~時限目
교실	教室
교육	教育
구	9
구	~区
구두	革靴
구름	雲
구월	9月
국	スープ
국내	国内
국물	汁
국민	国民

국밥	クッパ	그중	その中	깨지다	割れる
군고구마	焼きいも	그쪽	そちら, そっち	꼭	ぜひ, 必ず
굳다	固い, 固まる	극장	劇場, 映画館	꽃	花
굳이	無理に	근데	ところで, ところが	꿈	夢
굵다	太い	근처	近所, 近く	꿈을 꾸다	夢を見る
굽다	曲がる	글	文, 文章	끄다	(電気などを)消す
굽다	焼く	글쎄(요)	さあ	끊기다	切れる, なくなる
권	～冊	글자	字, 文字	끊다	切る, やめる
귀	耳	금방	すぐ	끝	終わり, 最後
귀국	帰国	금붕어	金魚	끝나다	終わる
귀엽다	かわいい	금연	禁煙	끝내다	終える
귀중품	貴重品	금요일	金曜日		
규칙	規則	급	～級		ㄴ
귤	みかん	급하다	急いでいる, 急だ	나	わたし, ぼく, おれ
그	その	급행	急行	나가다	出る, 出ていく, 出かける
그거	それ	긋다	(線を)引く	나누다	分ける
그건	それは	기다리다	待つ	나다	出る
그걸	それを	기르다	養う, 飼う	나라	国
그것	それ	기분	気分	나무	木
그게	それが	기뻐하다	喜ぶ	나쁘다	悪い
그날	その日	기쁘다	うれしい	나오다	出る, 出てくる, 出かける
그냥	ただ, 何となく	기숙사	寮	나이	年, 年齢
그대로	そのまま	기억	記憶	나중에	後で
그들	彼ら, 彼女ら	기억나다	思い出す	나타나다	現れる, 表れる
그때	そのとき	기억하다	覚える	나타내다	現す, 表す
그래도	でも	기차	汽車	낚시	釣り
그래서	それで	기침	咳	난	わたしは, ぼくは
그래야	そうしなければ	기타	ギター	날	日
그러고 보니	そういえば	기한	期限	날씨	天気, 天候
그러나	しかし	기회	機会	날짜	日付
그러니까	だから	긷다	汲む	남기다	残す
그러다	そうする, そう言う	길	道	남다	残る
그러면	それなら, そうすれば	길다	長い	남동생	弟
그런	そんな	김	海苔	남북	南北
그런데	ところで, ところが	김밥	キムパプ	남성	男性
그럼	では, じゃあ	김장	キムジャン	남자	男, 男の人
그렇게	そんなに, そのように	김치	キムチ	남자 친구	彼氏
그렇다	そうだ	김치찌개	キムチチゲ	남쪽	南
그렇지만	だけど	깊다	深い	남편	夫
그룹	グループ	깊이	深く	남학생	男子学生
그릇	器	까다롭다	ややこしい	낫다	ましだ, 治る
그리고	そして	까맣다	黒い	낮	昼
그리다	描く	깍두기	カクテキ	낮다	低い
그림	絵	깎다	削る, 刈る, まける	낳다	産む, 生む
그립다	恋しい	깜빡	うっかり, すっかり	내	～内, ～中
그만두다	やめる	깨끗이	きれいに	내	ぼくの, わたしの
그분	その方	깨끗하다	きれいだ, 清潔だ	내가	わたしが, ぼくが
그저께	一昨日	깨다	覚める		
그제	おととい	깨닫다	気づく, 悟る		

내년	来年	눈	雪	닭갈비	タッカルビ
내다	出す	눈물	涙	닭고기	鶏肉
내리다	降りる, 降ろす, 降る	눈썹	眉毛	닭띠	とり年
내버리다	放る	눕다	横になる	담그다	漬ける
내용	内容	뉴스	ニュース	담배	タバコ
내일	明日	느끼다	感じる	담요	毛布
냄새	におい	느낌	感じ	답	答え
냉면	冷麺	느리다	遅い	답장	(手紙などの)返事
냉장고	冷蔵庫	늘	いつも	당근	にんじん
너	あんた, お前	늘다	伸びる	당첨되다	当選する
너무	あまりに, ～すぎる	늘리다	増やす	닿다	届く
너무너무	とっても	능력	能力	대	～台
넓다	広い	늦다	遅い, 遅れる	대단히	とても
넓적하다	平べったい	늦잠	寝坊	대답	返事, 答え
넘다	超える	늦잠을 자다	寝坊をする	대답하다	答える
넣다	入れる	님	～様	대신	かわり(に)
네	4つの			대통령	大統領
네	ええ, はい			대표	代表
넷	4つ	<div align="center">ㄷ</div>		대학	大学
넷이	4人	다	すべて, 全部, すっかり	대학교	大学
년	～年	다녀오다	行ってくる	대학생	大学生
년생	～年生まれ	다니다	通う	대학원	大学院
노랗다	黄色い	다르다	違う	대회	大会
노래	歌	다른	他の	댁	お宅
노래방	カラオケ	다리	橋	댄스	ダンス
노래자랑	のど自慢	다리	脚	더	もっと
노래하다	歌う	다섯	5つ(の)	더 이상	これ以上
노력	努力	다시	再び, また	더럽다	汚い
노력하다	努力する, がんばる	다시 한번	もう一度	더욱	もっと, さらに
노약자	お年寄りや体の不自 由な方	다시는	二度と	더운물	お湯
		다음	次	덥다	暑い
노트	ノート	다음 날	次の日	데	～ところ
녹음	録音	다음 달	来月	도	～度
녹화	録画	다음 주	来週	도대체	いったい
논리	論理	다음 해	翌年	도서관	図書館
놀다	遊ぶ	다음에	今度	도시	都市
놀라다	驚く	다치다	怪我をする	도시락	弁当
농구	バスケットボール	다행	幸い	도와주다	助ける, 手伝う
높다	高い	닦다	磨く, 拭く	도장	印, はんこ
놓다	置く	단어	単語	도착	到着
놓아두다	置いておく	닫다	閉める, 閉じる	독서	読書
놓치다	逃す, 乗り遅れる	닫히다	閉まる	돈	お金
누가	誰が	달	月	돈다	(月・日が)昇る
누구	誰	달걀	たまご	돌	石
누군가	誰か	달다	甘い	돌다	回る, 曲がる
누나	(弟から見て)姉	달라지다	変化する	돌려주다	返す
누르다	押す	달력	カレンダー	돌아가다	帰っていく
누르다	黄色い	달리	違って	돌아오다	帰ってくる
눈	目	달리다	走る	돕다	助ける, 手伝う
		닭	鶏		

동갑	同い年
동그랗다	丸い
동물	動物
동생	弟, 妹
동아리	サークル
동안	～(の)間
동영상	動画
동쪽	東
돼지	豚
돼지고기	豚肉
돼지띠	いのしし年
되다	なる
두	2つの
두껍다	厚い
두다	置く
두부	豆腐
두통약	頭痛薬
둘	2つ
둘이	2人
뒤	後, 後ろ
드라마	ドラマ
드리다	差し上げる
드시다	召し上がる
듣다	聞く
들	～たち
들다	入る, (気に)入る, (気が)する
들다	(お金が)かかる
들다	持つ
들르다	寄る
들리다	聞こえる
들어가다	入っていく
들어오다	入ってくる
등	～等
등	背中
등록	登録
등산	山登り
디자인	デザイン
따뜻하다	暖かい, 温かい
따르다	従う, ついていく
따르다	注ぐ
딱	ちょうど, ぴったり
딱딱하다	硬い
딸	娘
땀	汗
때	とき
때문	～せい, ～のため
떠나다	去る
떠들다	騒ぐ

떡	餅
떡볶이	トッポッキ
떨어지다	落ちる
또	また
또는	または
똑똑하다	利口だ
뛰다	走る
뜨겁다	熱い
뜨다	(目を)開く
뜯다	ちぎる, はがす
뜻	意味, 意図
띄다	(目に)つく
띠	～年(どし)

ㄹ

라디오	ラジオ
라면	ラーメン
라이브	ライブ
러시아어	ロシア語
리포트	レポート

ㅁ

마감	締め切り
마리	～匹
마무리	仕上げ
마시다	飲む
마을	村
마음	心, 気持ち
마음대로	自由に, 好きなように
마지막	最後
마찬가지	同様
마치다	終わる
마흔	40(の)
막걸리	マッコリ
막히다	つまる, (道が)混む
만	万
만나다	会う
만들다	作る
만일	万が一
만족하다	満足だ, 満足する
만지다	さわる
만화	漫画
많다	多い
많이	たくさん, かなり, だいぶ
말	言葉
말	馬
말	～末
말다	やめる
말띠	うま年

말리다	止める
말씀	お言葉, お話
말씀드리다	申し上げる
말씀하시다	おっしゃる
말을 놓다	ため口で話す
말하다	言う
맛	味
맛없다	まずい
맛있다	おいしい
맛집	おいしい店
맞다	合う
맞은편	向かい側
맞추다	合わせる, 当てる
맡기다	預ける, 任せる
매	毎～
매년	毎年
매달	毎月
매우	とても, 非常に
매일	毎日
매장	売り場
매주	毎週
맥주	ビール
맨	いちばん～
맵다	辛い
머리	頭, 髪
머리카락	髪
먹다	食べる
먼저	まず, 先に
멀다	遠い
멀리	遠く(に)
멋있다	かっこいい, 素敵だ
멋지다	かっこいい, 素敵だ
메뉴	メニュー
메모	メモ
메일	メール
메일 주소	メールアドレス
며칠	何日
명	～人, ～名
몇	何～, いくつ
모기	蚊
모두	すべて, みんな
모든	すべての
모레	明後日
모르다	知らない, 分からない
모양	形
모으다	集める
모이다	集まる
모임	集まり
모자	帽子

모자라다	足りない
목	首, 喉
목감기	喉の風邪
목도리	マフラー
목소리	声
목요일	木曜日
목욕	入浴
목적	目的
목표	目標
몫	分け前
몸	体
몸매	体つき, 体形
못	～できない
못하다	できない, 下手だ
무	大根
무겁다	重い
무릎	膝
무리	無理
무섭다	怖い
무슨	何～, 何の, どんな
무슨 요일	何曜日
무슨 일	どんな用事
무엇	何
무척	とても
문	ドア
문의	問い合わせ
문의하다	問い合わせる
문장	文章
문제	問題
문제없다	問題ない
문화	文化
묻다	埋める
묻다	尋ねる
물	水
물가	物価
물건	物, 品物
물고기	魚
물김치	水キムチ
물냉면	水冷麺
물론	もちろん
물리다	かまれる
물어보다	尋ねる, 聞いてみる
뭐	何
뭔가	何か
뭘	何を
뮤지컬	ミュージカル
미국	アメリカ
미끄럽다	滑りやすい
미루다	延期する

미리	あらかじめ, 前もって
미성년	未成年
미소	微笑み
미술관	美術館
미안하다	すまない
미용실	美容室
미터	メートル
믿다	信じる
밉다	憎い
밑	下

ㅂ	
바꾸다	変える
바뀌다	変わる
바나나	バナナ
바다	海
바닷물	海水
바둑	囲碁
바람	風
바로	すぐ, ちょうど
바르다	正しい, 塗る
바쁘다	忙しい
바지	ズボン
박	～泊
밖	外
반	クラス
반	半
반갑다	うれしい
반납	返却
반년	半年
반달	半月
반드시	必ず
반찬	おかず
받다	もらう, 受け取る
받아들이다	受け入れる
받침	パッチム
발	足
발가락	足の指
발음	発音
발전	発展
발표	発表
밝다	明るい
밟다	踏む
밤	夜
밤늦다	夜遅い
밥	ご飯
방	部屋
방법	方法
방송	放送

방학	(学校の)長期休暇
방향	方向
밭	畑
배	船
배	おなか, 腹
배고프다	おなかがすいている
배구	バレーボール
배꼽	へそ
배부르다	おなかがいっぱいだ
배우	俳優
배우다	習う, 学ぶ
배추	白菜
백	百
백화점	デパート
뱀	蛇
뱀띠	へび年
버리다	捨てる
버스	バス
버튼	ボタン
번	～度, ～回, ～番
번역	翻訳
번째	～番目, ～度目
번호	番号
벌	～着
벌써	もう, すでに
범인	犯人
법	やり方
벗다	脱ぐ
벽	壁
변하다	変わる
변호사	弁護士
별	星
별로	あまり
별명	あだ名, 別名
병	瓶
병	病気
병	～本
병원	病院
보관	保管
보기	例
보내다	送る
보다	見る
보이다	見える, 見せる
보통	普通, 普段
복	福
복권	宝くじ
복잡하다	複雑だ
볶다	炒める
볼펜	ボールペン

봄	春	빵	パン	서다	立つ, (車が)停まる
뵙다	お目にかかる	빵집	パン屋	서두르다	急ぐ
부끄럽다	恥ずかしい	빼앗다	奪う	서로	お互い
부드럽다	柔らかい	뻗다	伸びる	서른	30(の)
부러지다	折れる	뽑다	抜く	서비스	サービス
부럽다	うらやましい			서점	本屋, 書店
부르다	歌う, 呼ぶ	**ㅅ**		서쪽	西
부모	両親	사	4	선물	プレゼント, おみやげ
부모님	ご両親	사과	リンゴ	선배	先輩
부부	夫婦	사다	買う	선생님	先生
부분	部分	사람	人	선수	選手
부상	けが	사랑	愛	설날	旧正月
부엌	台所	사무실	事務室	설명	説明
부인	奥様	사실	事実, 実際	설탕	砂糖
부자	金持ち	사실은	実は	섬	島
부장	部長	사월	4月	섭섭하다	寂しい
부탁	お願い, 頼み	사이	間	성격	性格
부탁드리다	お願い申し上げる	사이즈	サイズ	성공	成功
부탁하다	頼む	사장	社長	성우	声優
북쪽	北	사전	辞書	성함	お名前
분	～分(ふん)	사진	写真	세	3つの
분	～分(ぶん)	사회	社会	세계	世界
분	～(の)方, ～名様	산	山	세다	数える, 強い
분위기	雰囲気	살	～歳	세상	世の中
불	火, 明かり	살다	住む, 暮らす, 生きる	세수	洗顔
불고기	プルコギ	삶	生	세우다	立てる, (車を)停める
불다	吹く	삼	3	세월	歳月, 年月
불만	不満	삼월	3月	센티미터	センチメートル
불안하다	不安だ	상	賞	셋	3つ
붓다	腫れる, 注ぐ	상관없다	関係ない	셋이	3人
붙다	付く, くっつく	상의하다	相談する, 話し合う	셔츠	シャツ
붙이다	付ける, くっつける	상태	状態	소	牛
비	雨	상황	状況	소개	紹介
비누	石鹸	새	鳥	소고기	牛肉
비다	空く, 空いている	새롭다	新しい	소금	塩
비디오	ビデオ	새해	新年	소띠	うし年
비밀	秘密	색	色	소리	音
비빔밥	ビビンバ	색깔	色	소설	小説
비슷하다	似ている	생	～生まれ	소용없다	無駄だ
비싸다	(値段が)高い	생각	考え, 思い	소주	焼酎
비행기	飛行機	생각되다	考えられる, 思われる	속	中
비행사	飛行士	생각보다	思ったより	속상하다	心が痛む, 腹が立つ
빌리다	借りる	생각하다	考える, 思う	속옷	下着, 肌着
빠르다	速い	생기다	生じる, できる	손	手
빠지다	はまる, 抜ける	생산력	生産力	손가락	指
빨갛다	赤い	생선	魚	손님	お客さん
빨래	洗濯	생일	誕生日	손수건	ハンカチ
빨리	速く	생활	生活	솔직히	率直に
빨리빨리	速く速く	샤워	シャワー	솟다	わく, 突き出る

송별회	送別会	식다	冷める	아니다	(～では)ない
쇠고기	牛肉	식당	食堂	아니요	いいえ
쇼핑	ショッピング, 買い物	식물	植物	아들	息子
수건	タオル	식사	食事	아래	下
수고	苦労	신	履物, 靴	아르바이트	アルバイト
수도	首都	신기하다	不思議だ	아름답다	美しい
수업	授業	신다	履く	아마	たぶん
수요일	水曜日	신문	新聞	아무	誰(も/でも/にも)
수학	数学	신발	履物, 靴	아무것도	何も
숙제	宿題	신입생	新入生	아무도	誰も
순대	スンデ	신학기	新学期	아버님	お父様
순두부찌개	スンドゥブチゲ	신호등	信号	아버지	お父さん, 父
순서	順序	신혼여행	新婚旅行	아빠	パパ
숟가락	スプーン	싣다	載せる	아쉽다	残念だ
술	お酒	실례	失礼	아이	子ども
숫자	数字	실례지만	失礼ですが	아저씨	おじさん
쉬다	休む	실수	失敗	아주	とても
쉰	50(の)	실컷	思いきり, 思う存分	아주머니	おばさん
쉽다	易しい	싫다	嫌だ, 嫌いだ	아줌마	おばさん, おばちゃん
스노보드	スノーボード	싫어하다	嫌いだ, 嫌う	아직	まだ
스마트폰	スマートフォン	심리	心理	아직까지	未だに, まだ
스무	20の	심심하다	暇だ	아직도	まだ
스물	20	심하다	ひどい, 激しい	아침	朝, 朝ごはん
스승	先生, 師匠	십	10	아파트	マンション
스키장	スキー場	십이월	12月	아프다	痛い, 具合が悪い
스포츠	スポーツ	십일월	11月	아홉	9つ(の)
스피치	スピーチ	싸다	巻く, 包む	아흔	90(の)
슬프다	悲しい	싸다	安い	악기	楽器
시	市	싸우다	戦う, 喧嘩する	안	中
시	～時	쌀	米	안경	メガネ
시간	時間	쏟다	こぼす	안내	案内
시계	時計	쓰다	書く	안녕하다	元気だ, 無事だ
시골	田舎	쓰다	使う	안다	抱く
시끄럽다	うるさい	쓰다	苦い	안되다	うまくいかない
시도하다	試す	쓰다	(メガネを)かける	안 되다	だめだ
시디	CD	쓰레기	ごみ	안부	安否
시원하다	涼しい	쓰이다	書かれる	안쪽	内側
시월	10月	씨	～さん	앉다	座る
시작	始め, 始まり	씹다	かむ	알다	知る, 分かる
시작되다	始まる	씻다	洗う	알리다	知らせる
시작하다	始める			알바	バイト
시장	市場	**ㅇ**		알아듣다	聞き取る, 聞いて分かる
시절	時期	아	あっ, ああ	알아보다	調べる
시집	嫁入り, 嫁入り先	아가씨	お嬢さん	암호	暗号
시청	市庁	아까	さっき	앞	前
시키다	注文する	아깝다	惜しい	앞뒤	前後
시험	試験	아내	妻	앞으로	これから
시험공부	試験勉強	아뇨	いいえ	애니메이션	アニメーション
식	～式, ～風	아니	いや	앱	アプリ

야경	夜景	억	億	연기	演技
야구	野球	언니	(妹から見て)姉	연락	連絡
야구장	野球場	언덕	丘	연락처	連絡先
야외	野外	언제	いつ	연말연시	年末年始
야채	野菜	언제나	いつも	연세	お年
약	薬	언젠가	いつか	연습	練習
약간	若干	얹다	載せる	연애	恋愛
약국	薬局	얻다	得る	연예인	芸能人
약속	約束	얼굴	顔	연필	鉛筆
약하다	弱い	얼마	いくら	연휴	連休
양	量	얼마나	どれくらい	열	10(の)
양	羊	얼음	氷	열	熱
양띠	ひつじ年	엄마	ママ	열다	開ける, 開く
양말	靴下	업무	業務	열리다	開かれる
양보하다	譲る	없다	ない, いない	열심히	熱心に, 一生懸命
양복	スーツ	없이	～なく, ～なしに	엽서	はがき
양쪽	両方	엉덩이	お尻	영	0
애기	話	엉망진창	めちゃくちゃ	영국	イギリス
어깨	肩	에 관한	～に関する	영어	英語
어느	どの	에 대해서	～について	영향	影響
어느 거	どれ	에스컬레이터	エスカレーター	영화	映画
어느 걸	どれを	에어컨	エアコン	옆	横
어느 것	どれ	엔	～円	예	はい
어느 게	どれが	엘리베이터	エレベーター	예매하다	前もって買う
어느 쪽	どちら, どっち	여권	パスポート	예문	例文
어느새	いつのまにか	여기	ここ	예쁘다	かわいい, きれいだ
어둡다	暗い	여기저기	あちこち	예선	予選
어디	どこ, どこか	여덟	8つ(の)	예순	60(の)
어딘가	どこか	여동생	妹	예습	予習
어떤	どんな, どのような	여든	80(の)	예약	予約
어떻게	どのように	여러	いろいろな	예의	礼儀
어떻다	どうだ	여러 가지	いろいろな	예전	以前
어렵다	難しい	여러분	みなさん	예정	予定
어른	大人	여럿이	大勢, 何人も	옛날	昔
어리다	幼い	여름	夏	오	5
어린이	子ども	여배우	女優	오늘	今日
어린이날	こどもの日	여보세요	もしもし	오늘날	今日(こんにち)
어머	あら, まあ	여섯	6つ(の)	오다	来る, (雨が)降る
어머니	お母さん, 母	여성	女性	오래간만	久しぶり
어머님	お母様	여유	余裕	오래되다	久しい
어버이날	両親の日	여자	女, 女の人	오랜만	久しぶり
어서	早く	여자 친구	彼女	오르다	上がる
어울리다	似合う	여학생	女子学生	오른쪽	右
어저께	昨日	여행	旅行	오빠	(妹から見て)兄
어제	昨日	역	駅	오월	5月
어젯밤	昨晩	역사	歴史	오이	きゅうり
어지럽다	目まいがする	역시	やはり	오전	午前
어쩌다	どうする	연구실	研究室	오후	午後
어학	語学	연극	演劇	올라가다	上がっていく

올라오다	上がってくる	유자차	ゆず茶	이번	今度, 今回
올리다	上げる	유학	留学	이번 달	今月
올바르다	正しい	유행	流行	이번 주	今週
올해	今年	유행어	流行語	이번에	今度, このたび
옳다	正しい	육	6	이분	この方
옷	服	육회	ユッケ	이사	引っ越し
와	わあ	은행	銀行	이상	異常
완전히	完全に	읊다	詠む	이상	以上
왜	なぜ, どうして	음료수	飲み物	이상적	理想的
외곬	一筋	음반	CD	이상하다	おかしい
외국	外国	음식	食べ物, 料理	이상형	理想のタイプ
외국어	外国語	음식물	食べ物	이야기	話
외국인	外国人	음식점	飲食店	이야기하다	話す
외롭다	寂しい	음악	音楽	이용	利用
외우다	覚える	의견	意見	이월	2月
왼쪽	左	의논하다	議論する, 話し合う	이유	理由
요리	料理	의미	意味	이전	以前
요새	近頃, この頃	의사	医者	이제	もう
요일	曜日	의외	意外	이제서야	今になってやっと
요즘	最近	의자	椅子	이쪽	こちら, こっち
용	竜	이	2	이틀	2日間
용띠	たつ年	이	歯	이하	以下
우등생	優等生	이	この	이해	理解
우리	わたしたち, ぼくたち	이거	これ	이후	以降
우리나라	わが国	이건	これは	익숙해지다	慣れる
우산	傘	이걸	これを	인	～人
우선	まず	이것	これ	인간	人間
우연히	偶然に	이것저것	あれこれ	인기	人気
우유	牛乳	이게	これが	인류	人類
우주	宇宙	이기다	勝つ	인분	～人分
우체국	郵便局	이날	この日	인사	あいさつ
우표	切手	이다	～だ	인삼차	高麗人参茶
운동	運動	이달	この月, 今月	인상	印象
운전	運転	이따가	少ししてから	인터넷	インターネット
울다	泣く	이때	この時	일	1
움직이다	動く, 動かす	이러다	こうする, こう言う	일	仕事, こと
웃다	笑う	이런	こんな	일	～日
원	～ウォン	이렇게	このように, こんなに	일곱	7つ(の)
원래	もともと	이렇다	こうだ	일본	日本
원숭이	猿	이루다	成す	일본말	日本語
원숭이띠	さる年	이르다	至る	일본 사람	日本人
월	～月	이르다	早い	일본어	日本語
월요일	月曜日	이르다	言う	일부러	わざわざ
위	上	이름	名前	일어나다	起きる
위대하다	偉大だ	이리	こっちへ	일어서다	立ち上がる
위아래	上下	이마	ひたい	일요일	日曜日
유럽	ヨーロッパ	이만큼	これくらい	일월	1月
유명하다	有名だ	이메일	Eメール	일주일	1週間
유월	6月	이미	すでに, もう	일찍	早く

일하다	働く
일한사전	日韓辞典
일흔	70(の)
읽다	読む
잃다	失う, なくす
잃어버리다	なくしてしまう
입	口
입구	入口
입다	着る
입문	入門
입술	唇
입학	入学
잇다	つなぐ, むすぶ
있다	ある, いる
잊다	忘れる
잊어버리다	忘れてしまう

ㅈ

자	さあ
자기	自分, 君
자꾸	しきりに
자다	寝る
자동차	自動車
자라다	育つ, 伸びる
자랑	自慢
자르다	切る
자리	席, 場所
자세히	詳しく
자신	自信
자전거	自転車
자주	しょっちゅう, よく
작년	昨年, 去年
작다	小さい, (背が)低い
작문	作文
잔	～杯
잘	よく, 上手に
잘되다	うまくいく
잘못	過ち, 間違い
잘못하다	間違う
잘생기다	かっこいい
잘하다	上手だ
잠	眠り
잠깐	しばらくの間
잠깐만	しばらく, ちょっと
잠들다	眠る
잠시	しばらく
잠자다	眠る
잡다	つかむ
잡수시다	召し上がる

잡지	雑誌
잡화	雑貨
장	～枚
장기	特技, 隠し芸
장소	場所
재미없다	つまらない
재미있다	おもしろい
재학생	在学生
저	私
저	あの
저거	あれ
저건	あれは
저걸	あれを
저것	あれ
저게	あれが
저고리	チョゴリ(韓服の上着)
저기	あそこ
저기요	すみません
저녁	夕方, 夕食
저러다	ああする, ああ言う
저런	あのような
저렇게	あのように
저렇다	ああだ
저리	あっちへ
저분	あの方
저쪽	あちら, あっち
저희	わたくしたち
적	～的
적	～とき, ～こと
적극적	積極的
적다	少ない
전	前
전	私は
전기	電気
전문가	専門家
전부	全部
전에	前に
전자사전	電子辞書
전철	電車
전하다	伝える
전혀	全然, 全く
전화	電話
전화번호	電話番号
절	私を
절대	絶対
절대로	絶対に
젊다	若い
점	～点
점	～店

점심	昼食, 昼ごはん
점심 시간	お昼休み
점원	店員
점점	だんだん
접다	折る
접시	皿
젓가락	箸
젓다	混ぜる
정도	くらい, 程度
정말	本当(に)
정말로	本当に
정문	正門
정직하다	正直だ
정하다	決める
제	第～
제	私の
제가	私が
제목	題名
제일	いちばん
제출	提出
조	兆
조금	少し
조금 더	もう少し
조미료	調味料
조사	調査
조선	朝鮮
조선말	朝鮮語
조선 사람	朝鮮人
조선어	朝鮮語
조심하다	気を付ける
조용하다	静かだ
조용히	静かに
존경	尊敬
졸다	居眠りする
졸업	卒業
좀	ちょっと
좀 더	もうちょっと
좁다	狭い
종이	紙
좋다	よい, いい
좋아하다	好む, 好きだ
죄송하다	すまない, 申し訳ない
주	週
주다	あげる, くれる
주말	週末
주무르다	もむ
주무시다	お休みになる
주문	注文
주부	主婦

주소	住所	짜다	塩辛い	축제	お祭り
주스	ジュース	짧다	短い	축하	祝賀, 祝い
주의	注意	째	〜目	축하하다	祝う
주인	主人	쪽	〜ページ	출구	出口
주일	〜週間	쪽	〜の方, 〜の側	출근	出勤
죽	おかゆ	쯤	〜くらい, 〜頃	출발	出発
죽다	死ぬ	찌개	チゲ	출신	出身
준비	準備	찍다	撮る	출장	出張
줄다	減る			춤	踊り
줄이다	減らす	**ㅊ**		춥다	寒い
줍다	拾う	차	お茶, 車	충격	衝撃
중	〜中, 〜(の)うち	차다	冷たい	충고	忠告
중국	中国	차라리	いっそ, むしろ	취미	趣味
중국어	中国語	차례	順序	취직	就職
중급	中級	차이	差異, 差	취하다	酔う
중요	重要	찬물	冷たい水	층	〜階
중요하다	重要だ	참	本当に	치다	弾く
중학교	中学校	참다	我慢する	치다	打つ
중학생	中学生	찻집	喫茶店	치르다	払う, (行事を)すませる
쥐	ねずみ	창문	窓	치마	スカート
쥐띠	ねずみ年	찾다	探す, 見つける, 受け取る	치우다	片付ける
즐겁다	楽しい	찾아가다	訪ねていく	친구	友だち
지각	遅刻	찾아보다	探してみる	친절하다	親切だ
지갑	財布	찾아오다	訪ねてくる	칠	7
지구	地球	책	本	칠월	7月
지금	今	책방	本屋	침대	ベッド
지나다	過ぎる	책상	机		
지난	去る〜	책임지다	責任を持つ	**ㅋ**	
지난주	先週	처음	最初, 初め, 初めて	카드	カード
지난 주말	先週末	척하다	ふりをする	카메라	カメラ
지난달	先月	천	千	카페	カフェ
지난번	このあいだ, 前回	천천히	ゆっくり	칼	ナイフ
지난해	昨年	첫	初〜	캔	缶
지내다	過ごす	첫날	初日	캠퍼스	キャンパス
지다	負ける	첫인상	第一印象	캠프	キャンプ
지도	地図	청국장	チョングクチャン	키다랗다	とても大きい
지도	指導	청소	掃除	커버	カバー
지방	地方	초	〜秒	커피	コーヒー
지식	知識	초급	初級	컴퓨터	コンピューター
지진	地震	초대권	招待券	컵라면	カップラーメン
지키다	守る	초등학교	小学校	케이크	ケーキ
지하철	地下鉄	초밥	お寿司	케이팝	K-POP
직업	職業	최고	最高	켜다	点ける
직접	直接	최근	最近	코	鼻
진짜	ほんとに, 本物	최선	最善	코너	コーナー
질문	質問	추다	踊る	콘서트	コンサート
짐	荷物	추억	思い出	콜라	コーラ
집	家	추위	寒さ	콧물	鼻水
짓다	作る, 建てる, 炊く	축구	サッカー	크기	大きさ

크다	大きい, (背が)高い	편안하다	無事だ, 安らかだ	한번	一度
큰길	大通り	편의점	コンビニエンスストア	한복	韓服
클럽	クラブ	편지	手紙	한여름	真夏
키	背	편하다	楽だ	한일사전	韓日辞典
킬로그램	キログラム	평소	普段	한자	漢字
킬로미터	キロメートル	평일	平日	한정식	韓定食
		포기하다	あきらめる	할머니	おばあさん
	ㅌ	표	切符, チケット	할아버지	おじいさん
타다	乗る	푸다	汲む	핥다	舐める
타월	タオル	푸르다	青い	함께	一緒に
탁구	卓球	푹	ゆっくり, ぐっすり	합격	合格
태어나다	生まれる	풀다	解く	해	太陽, 年
태우다	乗せる	품질	品質	해내다	やり遂げる
택배	宅配	프랑스어	フランス語	해외	海外
택시	タクシー	프로	番組	핸드폰	携帯電話
테니스	テニス	프린트	プリント	행동	行動
텔레비전	テレビ	피	血	행운	幸運, 幸せ
토끼	うさぎ	피곤하다	疲れている,	허리	腰
토끼띠	うさぎ年		くたびれている	형	(弟から見て)兄
토마토	トマト	피다	咲く	형제	兄弟
토요일	土曜日	피아노	ピアノ	호관	～号館
통과	通過	피우다	(タバコを)吸う	호랑이	虎
통하다	通じる	피우다	(花を)咲かせる	호랑이띠	とら年
퇴근	退勤	필요	必要	호박	かぼちゃ
특기	特技	필요하다	必要だ	호실	～号室
특별하다	特別だ			호텔	ホテル
특별히	特別に			혹시	もしかして
특히	特に		ㅎ	혼자	1人
틀리다	間違える	하나	1つ	홈페이지	ホームページ
티셔츠	Tシャツ	하늘	空	홍차	紅茶
티켓	チケット	하다	する	화가	画家
		하루	一日, ある日	화내다	怒る
	ㅍ	하룻밤	一晩, ある晩	화요일	火曜日
파	ネギ	하얗다	白い	화장	化粧
파랗다	青い	하지만	だけど	화장실	トイレ
파티	パーティー	학과	学科	화장품	化粧品
팔	8	학교	学校	확실하다	確かだ, 確実だ
팔	腕	학기	学期	확인	確認
팔다	売る	학년	学年, ～年生	회	刺身
팔월	8月	학번	学籍番号	회	～回
팥빙수	かき氷	학부	学部	회사	会社
팩스	ファックス	학생	学生	회사원	会社員
팬	ファン	학원	塾	회의	会議
퍼센트	パーセント	한	1つの	회화	会話
페이지	ページ	한국	韓国	횟수	回数
페트병	ペットボトル	한국말	韓国語	후	後
펴다	開く	한국 사람	韓国人	휴가	休暇
편리	便利	한국어	韓国語	휴대폰	携帯電話
편리하다	便利だ	한글	ハングル	휴식	休み, 休息
		한류	韓流		

付 録

휴일	休日, 休み
휴학	休学
흐르다	流れる
흙	土
희다	白い
희망	希望
힘	力
힘내다	がんばる
힘들다	大変だ

7. 日韓語彙リスト

※数字に関する語や地名などは最後にまとめて提示してある。

あ

ああ	아
ああ言う	저러다
ああする	저러다
ああだ	저렇다
愛	사랑
あいさつ	인사
～(の)間	동안
間	사이
空いている	비다
会う	만나다
合う	맞다
青い	파랗다, 푸르다
赤い	빨갛다
上がっていく	올라가다
上がってくる	올라오다
明かり	불
上がる	오르다
明るい	밝다
秋	가을
あきらめる	포기하다
空く	비다
開ける	열다
上げる	올리다
あげる	주다
朝	아침
朝ごはん	아침, 아침밥
明後日	모레
脚	다리
足	발
味	맛
明日	내일
足の指	발가락
預ける	맡기다
汗	땀
あそこ	저기
遊ぶ	놀다
暖かい, 温かい	따뜻하다
あだ名	별명
頭	머리
新しい	새롭다
あちこち	여기저기
あちら	저쪽
厚い	두껍다
暑い	덥다
熱い	뜨겁다

あっ	아
あっち	저쪽
あっちへ	저리
集まり	모임
集まる	모이다
集める	모으다
(会費などを)集める	걷다
当てる	맞추다
後	후, 뒤
後で	나중에
(妹から見て)兄	오빠
(弟から見て)兄	형
アニメーション	애니메이션
(妹から見て)姉	언니
(弟から見て)姉	누나
あの	저
あの方	저분
あのような	저런
あのように	저렇게
アプリ	앱
甘い	달다
あまり	별로
あまりに	너무
雨	비
アメリカ	미국
過ち	잘못
あら	어머
洗う	씻다
(髪を)洗う	감다
あらかじめ	미리
現す, 表す	나타내다
現れる, 表れる	나타나다
ありがたい	고맙다
ある	있다
歩いて来る	걸어오다
歩く	걷다
アルバイト	아르바이트
ある晩	하룻밤
ある日	하루
あれ	저거, 저것
あれこれ	이것저것
合わせる	맞추다
暗号	암호
あんた	너
案内	안내
安否	안부

い

いい	좋다
いいえ	아뇨, 아니요
Eメール	이메일
言う	말하다, 이르다
家	집
以下	이하
以外	이외
意外	의외
イギリス	영국
生きる	살다
行く	가다
いくつ	몇
いくら	얼마
意見	의견
以降	이후
囲碁	바둑
石	돌
医者	의사
以上	이상
異常	이상
椅子	의자
以前	이전, 예전
急いでいる	급하다
忙しい	바쁘다
急ぐ	서두르다
痛い	아프다
偉大だ	위대하다
炒める	볶다
至る	이르다
一度	한번
市場	시장
いちばん	가장, 제일
いちばん～	맨
いつ	언제
いつか	언젠가
一生懸命	열심히
一緒に	함께, 같이
いっそ	차라리
いったい	도대체
いつのまにか	어느새
いつも	늘, 언제나
意図	뜻
いない	없다
田舎	시골
犬	개

247

いぬ年	개띠
居眠りする	졸다
いのしし年	돼지띠
今	지금
未だに	아직까지
今になってやっと	이제서야
意味	의미, 뜻
妹	여동생, 동생
いや	아니
嫌だ	싫다
いらっしゃる	계시다
入口	입구
いる	있다
(気に)入る	들다
入れる	넣다
色	색, 색깔
いろいろな	여러, 여러 가지
祝い	축하
祝う	축하하다
印象	인상
飲食店	음식점
インターネット	인터넷

う

～ウォン	원
受け入れる	받아들이다
受け取る	받다, 찾다
動かす	움직이다
動く	움직이다
うさぎ	토끼
うさぎ年	토끼띠
牛	소
うし年	소띠
失う	잃다
後ろ	뒤
嘘	거짓말
歌	노래
歌う	노래하다, 부르다
～(の)うち	중, 내
内側	안쪽
宇宙	우주
打つ	치다
うっかり	깜빡
美しい	곱다, 아름답다
器	그릇
腕	팔
奪う	빼앗다
馬	말
うまくいかない	안되다

うまくいく	잘되다
うま年	말띠
～生まれ	생
生まれる	태어나다
海	바다
産む, 生む	낳다
埋める	묻다
うらやましい	부럽다
うらやむ	부러워하다
売り場	매장
売る	팔다
うるさい	시끄럽다
うれしい	기쁘다, 반갑다
運転	운전
運動	운동

え

絵	그림
エアコン	에어컨
映画	영화
映画館	극장
影響	영향
英語	영어
ええ	네
駅	역
エスカレーター	에스컬레이터
選ぶ	고르다
得る	얻다
エレベーター	엘리베이터
～円	엔
演技	연기
延期する	미루다
演劇	연극
鉛筆	연필

お

おいしい	맛있다
おいしい店	맛집
置いておく	놓아두다
終える	끝내다
多い	많다
大きい	크다
大きさ	크기
多くなる	많아지다
大勢	여럿이
大通り	큰길
丘	언덕
お母様	어머님
お母さん	어머니

お菓子	과자
おかしい	이상하다
おかず	반찬
お金	돈
おかゆ	죽
お客さん	손님
起きる	일어나다
置く	놓다, 두다
奥様	부인
送る	보내다
遅れる	늦다
お言葉	말씀
怒る	화내다
お酒	술
幼い	어리다
惜しい	아깝다
おじいさん	할아버지
教える	가르치다
おじさん	아저씨
お嬢さん	아가씨
お尻	엉덩이
押す	누르다
お寿司	초밥
遅い	느리다, 늦다
恐れる	무서워하다
お互い	서로
お宅	댁
お茶	차
落ちる	떨어지다
おっしゃる	말씀하시다
夫	남편
音	소리
お父様	아버님
お父さん	아버지
弟	남동생, 동생
男, 男の人	남자
お年	연세
お年寄りや体の不自由な方	노약자
おととい	그제, 그저께
大人	어른
踊り	춤
踊る	추다
驚く	놀라다
同い年	동갑
おなか	배
おなかがいっぱいだ	배부르다
おなかがすいている	배고프다
同じだ	같다
お名前	성함

日本語	한국어	日本語	한국어	日本語	한국어
お願い	부탁	回数	횟수	楽器	악기
お願い申し上げる	부탁드리다	階段	계단	かっこいい	멋있다, 멋지다, 잘생기다
おばあさん	할머니	買い物	쇼핑	学校	학교
おばさん	아주머니, 아줌마	会話	회화	カップラーメン	컵라면
おばちゃん	아줌마	飼う	기르다	悲しい	슬프다
お話	말씀	買う	사다	悲しむ	슬퍼하다
お昼休み	점심 시간	返す	돌려주다	必ず	꼭, 반드시
覚える	기억하다, 외우다	帰っていく	돌아가다	かなり	많이
お前	너	帰ってくる	돌아오다	金持ち	부자
お祭り	축제	変える	바꾸다	可能	가능
おみやげ	선물	顔	얼굴	可能性	가능성
お目にかかる	뵙다	画家	화가	彼女	여자 친구
思い	생각	鏡	거울	彼女ら	그들
重い	무겁다	(時間,病気など)かかる	걸리다	カバー	커버
思いきり	실컷	(お金が)かかる	들다	カバン	가방
思い出す	기억나다	書かれる	쓰이다	カフェ	카페
思い出	추억	かき氷	팥빙수	壁	벽
思う	생각하다	書く	쓰다	かぼちゃ	호박
思う存分	실컷	描く	그리다	かまれる	물리다
おもしろい	재미있다	隠し芸	장기	かまわない	괜찮다
思ったより	생각보다	確実だ	확실하다	我慢する	참다
思われる	생각되다	学生	학생	紙	종이
お休みになる	주무시다	学籍番号	학번	髪	머리, 머리카락
お湯	더운물	カクテキ	깍두기	かむ	씹다
降りる	내리다	確認	확인	カメラ	카메라
折る	접다	学年	학년	科目	과목
おれ	나	学部	학부	通う	다니다
折れる	부러지다	〜か月	개월	火曜日	화요일
降ろす	내리다	かける	걸다	辛い	맵다
終わり	끝	(メガネを)かける	쓰다	カラオケ	노래방
終わる	끝나다, 마치다	傘	우산	体	몸
音楽	음악	歌詞	가사	体つき	몸매
女,女の人	여자	歌手	가수	借りる	빌리다
		風	바람	刈る	깎다
		風邪	감기	軽い	가볍다
か		風邪薬	감기약	カルビ	갈비
〜科	과	数える	세다	カルビスープ	갈비탕
〜課	과	家族	가족	彼氏	남자 친구
蚊	모기	〜(の)方	분	彼ら	그들
カード	카드	肩	어깨	カレンダー	달력
〜回	번, 회	固い	굳다	川	강
〜階	층	硬い	딱딱하다	かわいい	귀엽다, 예쁘다
海外	해외	形	모양	かわいがる	귀여워하다
会議	회의	片付ける	치우다	革靴	구두
外国	외국	固まる	굳다	かわり(に)	대신
外国語	외국어	勝つ	이기다	変わる	바뀌다, 변하다
外国人	외국인	〜月	월	缶	캔
会社	회사	学科	학과	〜間	간
会社員	회사원	学期	학기	考え	생각
海水	바닷물				

付録

考えられる	생각되다
考える	생각하다
関係	관계
関係ない	상관없다
韓国	한국
韓国語	한국말, 한국어
韓国人	한국 사람
看護師	간호사
感じ	느낌
漢字	한자
感謝	감사
鑑賞	감상
感じる	느끼다
関心	관심
完全に	완전히
韓定食	한정식
韓日辞典	한일사전
乾杯	건배
がんばる	힘내다, 노력하다
韓服	한복
韓流	한류
関連	관련

き

木	나무
聞いてみる	물어보다
聞いて分かる	알아듣다
黄色い	노랗다, 누르다
記憶	기억
機会	기회
聞き取る	알아듣다
聞く	듣다
期限	기한
聞こえる	들리다
帰国	귀국
汽車	기차
季節	계절
規則	규칙
北	북쪽
ギター	기타
汚い	더럽다
貴重品	귀중품
気づく	깨닫다
喫茶店	찻집
切手	우표
切符	표
昨日	어제
気分	기분
希望	희망

君	자기
キムジャン	김장
キムチ	김치
キムチチゲ	김치찌개
キムパプ	김밥
決める	정하다
気持ち	마음
キャンパス	캠퍼스
キャンプ	캠프
級	급
休暇	휴가
休学	휴학
急行	급행
休日	휴일
旧正月	설날
休息	휴식
急だ	급하다
急に	갑자기
牛肉	소고기, 쇠고기
牛乳	우유
きゅうり	오이
今日	오늘
教育	교육
教科書	교과서
教師	교사
教室	교실
教授	교수
兄弟	형제
業務	업무
去年	작년
距離	거리
嫌いだ	싫다, 싫어하다
嫌う	싫어하다
切る	끊다
切る	자르다
着る	입다
きれいだ	깨끗하다, 예쁘다
きれいに	깨끗이
切れる	끊기다
キログラム	킬로그램
キロメートル	킬로미터
議論する	의논하다
気を付ける	조심하다
禁煙	금연
金魚	금붕어
銀行	은행
近所	근처
金曜日	금요일

く

区	구
(体の)具合が悪い	아프다
空港	공항
偶然に	우연히
薬	약
くたびれている	피곤하다
果物	과일
口	입
唇	입술
靴	신, 신발
靴下	양말
ぐっすり	푹
くっつく	붙다
くっつける	붙이다
クッパ	국밥
国	나라
首	목
汲む	긷다, 푸다
雲	구름
～くらい	정도, 쯤
暗い	어둡다
クラス	반
暮らす	살다
クラブ	클럽
来る	오다
グループ	그룹
車	차
くれる	주다
苦労	수고, 고생
黒い	검다, 까맣다
詳しく	자세히

け

計画	계획
経験	경험
経験者	경험자
計算	계산
携帯電話	핸드폰, 휴대폰
芸能人	연예인
ケーキ	케이크
K-POP	케이팝
ゲーム	게임
けが	부상
怪我をする	다치다
劇場	극장
化粧	화장
化粧品	화장품
(電気などを)消す	끄다

削る	깎다	答え(解答)	답	コンピューター	컴퓨터	

削る	깎다
結果	결과
結局	결국
結婚	결혼
決定	결정
月曜日	월요일
結論	결론
喧嘩する	싸우다
元気だ	안녕하다
研究室	연구실
健康	건강
健康だ	건강하다
検索	검색

こ

～個	개
恋しい	그립다
子犬	강아지
こう言う	이러다
幸運	행운
公園	공원
合格	합격
～号館	호관
高級	고급
高校	고등학교
高校生	고등학생
～号室	호실
こうする	이러다
こうだ	이렇다
紅茶	홍차
行動	행동
公務員	공무원
高麗人参茶	인삼차
声	목소리
超える	넘다
コーナー	코너
コーヒー	커피
コーラ	콜라
氷	얼음
語学	어학
故郷	고향
国内	국내
国民	국민
ここ	여기
午後	오후
心	마음
心が痛む	속상하다
腰	허리
午前	오전

答え(解答)	답
答え(返事)	대답
答える	대답하다
コチュジャン	고추장
こちら	이쪽
こっち	이쪽
こっちへ	이리
こと	거, 것, 일
～こと	적
ことが	게
今年	올해
ことは	건
言葉	말
(親に対して)子ども	아이
(大人に対して)子ども	어린이
こどもの日	어린이날
ことを	걸
この	이
このあいだ	지난번
この方	이분
この頃	요새
このたび	이번에
この月	이달
この時	이때
この日	이날
好む	좋아하다
このように	이렇게
ごはん	밥
こぼす	쏟다
ごみ	쓰레기
(道が)混む	막히다
米	쌀
ご両親	부모님
これ	이거, 이것
これ以上	더 이상
これから	앞으로
これくらい	이만큼
頃	쯤
怖い	무섭다
怖がる	무서워하다
今回	이번
今月	이번 달, 이달
コンサート	콘서트
今週	이번 주
今度	다음에, 이번, 이번에
こんな	이런
こんなに	이렇게
今日	오늘날
コンビニエンスストア	편의점

コンピューター	컴퓨터

さ

差	차이
さあ	글쎄(요)
さあ	자
サークル	동아리
サービス	서비스
～歳	살
差異	차이
在学生	재학생
最近	요즘, 최근
歳月	세월
最後	마지막, 끝
最高	최고
最初	처음
サイズ	사이즈
最善	최선
財布	지갑
幸い	다행
探してみる	찾아보다
探す	찾다
(花を)咲かせる	피우다
魚(食用)	생선
魚(生物)	물고기
先に	먼저
昨日	어저께
咲く	피다
昨年	작년, 지난해
昨晩	어젯밤
作文	작문
差し上げる	드리다
刺身	회
～冊	권
雑貨	잡화
サッカー	축구
さっき	아까
雑誌	잡지
砂糖	설탕
悟る	깨닫다
～様	님
寂しい	섭섭하다, 외롭다
寒い	춥다
寒さ	추위
冷める	식다
覚める	깨다
皿	접시
さらに	더욱
猿	원숭이

去る	떠나다	死ぬ	죽다	上手だ	잘하다
去る~	지난	しばらく	잠깐만, 잠시	上手に	잘
さる年	원숭이띠	しばらくの間	잠깐	小説	소설
騒ぐ	떠들다	自分	자기	状態	상태
さわる	만지다	島	섬	招待券	초대권
~さん	씨	閉まる	닫히다	将来	앞날
残念だ	아쉽다	自慢	자랑	焼酎	소주
		事務室	사무실	初級	초급
し		締め切り	마감	職業	직업
市	시	閉める	닫다	食事	식사
~時	시	じゃあ	그럼	食堂	식당
字	글자	社会	사회	植物	식물
試合	시합	写真	사진	女子学生	여학생
仕上げ	마무리	社長	사장, 사장님	女性	여성
幸せ	행운	シャツ	셔츠	しょっちゅう	자주
CD	시디, 음반	若干	약간	ショッピング	쇼핑
塩	소금	シャワー	샤워	書店	서점
塩辛い	짜다	週	주	初日	첫날
しかし	그러나	~週間	주일	女優	여배우
時間	시간	住所	주소	知らせる	알리다
~時間目,~時限目	교시	就職	취직	知らない	모르다
~式	식	ジュース	주스	調べる	알아보다
時期	시절	自由に	마음대로	知る	알다
しきりに	자꾸	週末	주말	汁	국물
試験	시험	重要	중요	白い	하얗다, 희다
試験勉強	시험공부	重要だ	중요하다	~人	인
事項	사항	授業	수업	新学期	신학기
仕事	일	塾	학원	信号	신호등
事実	사실	祝賀	축하	新婚旅行	신혼여행
辞書	사전	宿題	숙제	信じる	믿다
師匠	스승	宿泊先	숙소	親切だ	친절하다
自信	자신	主人	주인	新入生	새내기, 신입생
地震	지진	出勤	출근	新年	새해
静かだ	조용하다	出身	출신	心配	걱정
静かに	조용히	出張	출장	新聞	신문
下	밑, 아래	出発	출발	心理	심리
従う	따르다	首都	수도	人類	인류
下着	속옷	主婦	주부		
市庁	시청	趣味	취미	**す**	
実際	사실	順序	순서,차례	水曜日	수요일
実は	사실은	準備	준비	(タバコを)吸う	피우다
失敗	실수	賞	상	数学	수학
質問	질문	紹介	소개	数字	숫자
失礼	실례	小学校	초등학교	スーツ	양복
失礼ですが	실례지만	状況	상황	スープ	국
自転車	자전거	上下	위아래	スカート	치마
指導	지도	衝撃	충격	スキー場	스키장
自動車	자동차	正直だ	정직하다	好きだ	좋아하다
品物	물건	生じる	생기다	好きなように	마음대로

～すぎる	너무
過ぎる	지나다
(おなかが)すく	고프다
すぐ	금방, 바로
少ない	적다
すぐに	곧
すごく	굉장히
少し	조금
少ししてから	이따가
過ごす	지내다
涼しい	시원하다
頭痛薬	두통약
すっかり(忘れる)	깜빡
すっかり	다
ずっと	계속
素敵だ	멋있다, 멋지다
すでに	벌써, 이미
捨てる	버리다
スノーボード	스노보드
スピーチ	스피치
スプーン	숟가락
すべて	다, 모두
すべての	모든
滑りやすい	미끄럽다
スポーツ	스포츠
ズボン	바지
スマートフォン	스마트폰
(行事を)すませる	치르다
すまない	미안하다, 죄송하다
住む	살다
(気が)する	들다
する	하다
座る	앉다
スンデ	순대
スンドゥブチゲ	순두부찌개

せ

背	키
～せい	때문
生	삶
性格	성격
生活	생활
清潔だ	깨끗하다
成功	성공
生産力	생산력
正門	정문
声優	성우
世界	세계
咳	기침

席	자리
責任を持つ	책임지다
積極的	적극적
石鹸	비누
絶対	절대
絶対に	절대로
説明	설명
背中	등
ぜひ	꼭
狭い	좁다
前回	지난번
洗顔	세수
先月	지난달
前後	앞뒤
選手	선수
先週	지난주
先週末	지난 주말
先生	선생님, 스승
全然	전혀
洗濯	빨래
センチメートル	센티미터
先輩	선배
全部	다, 전부
専門家	전문가

そ

そう言う	그러다
そういえば	그러고 보니
掃除	청소
そうしなければ	그래야
そうする	그러다
そうすれば	그러면
そうだ	그렇다
相談する	상의하다
送別会	송별회
そこ	거기
そして	그리고
注ぐ	따르다, 붓다
育つ	자라다
そちら	그쪽
卒業	졸업
そっち	그쪽
率直に	솔직히
外	밖
その	그
その方	그분
そのとき	그때
その中	그중
その日	그날

そのまま	그대로
そのように	그렇게
空	하늘
それ	그거, 그것
それで	그래서
それなら	그러면
尊敬	존경
そんな	그런
そんなに	그렇게

た

～だ	이다
～台	대
第～	제
第一印象	첫인상
大会	대회
大学	대학, 대학교
大学院	대학원
大学生	대학생
退勤	퇴근
体形	몸매
大根	무
大丈夫だ	괜찮다
大統領	대통령
台所	부엌
代表	대표
だいぶ	많이
大変だ	힘들다
題名	제목
太陽	해
タオル	수건, 타월
高い	높다
(背が)高い	크다
(値段が)高い	비싸다
だから	그러니까
宝くじ	복권
炊く	짓다
抱く	안다
たくさん	많이
タクシー	택시
宅配	택배
だけど	그렇지만, 하지만
確かだ	확실하다
出す	내다
助ける	돕다, 도와주다
訪ねていく	찾아가다
訪ねてくる	찾아오다
尋ねる	묻다, 물어보다
ただ(無料)	공짜

付録

ただ	그냥	チゲ	찌개	点ける	켜다
戦う	싸우다	チケット	티켓, 표	伝える	전하다
正しい	옳다, 바르다, 올바르다	遅刻	지각	土	흙
～たち	들	知識	지식	続ける	계속하다
立ち上がる	일어서다	地図	지도	包む	싸다
立つ	서다	父	아버지	つなぐ	잇다
タッカルビ	닭갈비	地方	지방	妻	아내
卓球	탁구	～中	중	つまらない	재미없다
たつ年	용띠	～着	벌	つまる	막히다
建物	건물	注意	주의	冷たい	차다
立てる	세우다	中学校	중학교	冷たい水	찬물
建てる	짓다	中学生	중학생	強い	세다, 강하다
楽しい	즐겁다	中級	중급	釣り	낚시
頼み	부탁	中国	중국		
頼む	부탁하다	中国語	중국어		

て

タバコ	담배	昼食	점심	手	손
たぶん	아마	注文	주문	Tシャツ	티셔츠
食べ物	음식, 음식물	注文する	시키다	提出	제출
食べる	먹다	兆	조	程度	정도
たまご	달걀	(学校の)長期休暇	방학	出かける	나가다, 나오다
ため口で話す	말을 놓다	調査	조사	手紙	편지
試す	시도하다	朝食	아침	～的	적
だめだ	안 되다	朝鮮	조선	できない	못, 못하다
ために	위해서	朝鮮語	조선말, 조선어	できる	생기다
足りない	모자라다	朝鮮人	조선 사람	出口	출구
誰	누구	ちょうど	딱, 바로	デザイン	디자인
誰(も/でも/にも)	아무	調味料	조미료	手伝う	돕다, 도와주다
誰か	누군가	直接	직접	出ていく	나가다
誰が	누가	チョゴリ(韓服の上着)	저고리	出てくる	나오다
誰も	아무도	ちょっと	잠깐만, 좀	テニス	테니스
単語	단어	チョングクチャン	청국장	では	그럼
男子学生	남학생			デパート	백화점
誕生日	생일			でも	그래도
ダンス	댄스			出る	나다, 나가다, 나오다
男性	남성			テレビ	텔레비전
だんだん	점점			～点	점

つ

		ついていく	따르다	～店	점
		通過	통과	店員	점원

ち

血	피	通じる	통하다	天気	날씨
小さい	작다	使う	쓰다	電気	전기
近い	가깝다	つかむ	잡다	天候	날씨
違う	다르다	疲れている	피곤하다	電子辞書	전자사전
近く	근처	月	달	電車	전철
近頃	요새	次	다음	電話	전화
違って	달리	突き出る	솟다	電話番号	전화번호
地下鉄	지하철	次の日	다음 날		
力	힘	付く	붙다		

と

地球	지구	(目に)つく	띄다	～度(回数)	번
ちぎる	뜯다	注ぐ	따르다, 붓다	～度	도
		机	책상		
		作る	만들다, 짓다		
		漬ける	담그다		

ドア	문	届く	닿다	何となく	그냥
問い合わせる	문의하다	どの	어느	何も	아무것도
トイレ	화장실	どのような	어떤	何を	뭘
動画	동영상	どのように	어떻게	名前	이름
唐辛子	고추	トマト	토마토	涙	눈물
唐辛子粉	고춧가루	停まる	서다	舐める	핥다
どうして	왜	～度目	번째	悩み	고민
どうする	어쩌다	(車を)停める	세우다	悩む	고민하다
当選する	당첨되다	止める	말리다	習う	배우다
どうだ	어떻다	友だち	친구	なる	되다
到着	도착	土曜日	토요일	慣れる	익숙해지다
動物	동물	虎	호랑이	何日	며칠
同様	마찬가지	とら年	호랑이띠	何人も	여럿이
豆腐	두부	ドラマ	드라마	何の	무슨
登録	등록	鳥	새	南北	남북
遠い	멀다	取り込む	걷다	何曜日	무슨 요일
遠く(に)	멀리	とり年	닭띠		
通り	거리	鶏肉	닭고기	**に**	
とき	때	努力	노력	似合う	어울리다
～とき	적	撮る	찍다	におい	냄새
ときどき	가끔	どれ	어느 거, 어느 것	苦い	쓰다
解く	풀다	どれくらい	얼마나	～に関する	에 관한
特技	장기, 특기	どんな	무슨, 어떤	肉	고기
読書	독서	どんな用事	무슨 일	憎い	밉다
特に	특히			西	서쪽
特別だ	특별하다	**な**		～日	일
特別に	특별히	(～では)ない	아니다	日曜日	일요일
時計	시계	ない	없다	～について	에 대해서
どこ	어디	～内	내	日韓辞典	일한사전
どこか	어디, 어딘가	ナイフ	칼	似ている	비슷하다
～ところ	데	内容	내용	二度と	다시는
所	곳	治る	낫다	日本	일본
ところが	그런데, 근데	中	안, 속	日本語	일본어, 일본말
ところで	그런데, 근데	～中	중	日本人	일본 사람
年(年齢)	나이	長い	길다	荷物	짐
年	해	流れる	흐르다	入学	입학
～年(どし)	띠	～なく	없이	ニュース	뉴스
都市	도시	泣く	울다	入門	입문
年月	세월	なくす	잃다, 잃어버리다	入浴	목욕
図書館	도서관	なくなる	없어지다, 끊기다	鶏	닭
閉じる	닫다	～なしに	없이	～人(にん)	명
(目を)閉じる	감다	成す	이루다	人気	인기
どちら	어느 쪽	なぜ	왜	人間	인간
突然	갑자기	夏	여름	にんじん	당근
どっち	어느 쪽	～等	등	～人分	인분
とっても	너무너무	何	무엇, 뭐		
トッポッキ	떡볶이	何～	몇	**ぬ**	
とても	아주, 대단히, 매우, 무척	何～	무슨	抜く	뽑다
とても大きい	커다랗다	何か	뭔가	脱ぐ	벗다

抜ける	빠지다
塗る	바르다

ね

ネギ	파
猫	고양이
ねずみ	쥐
ねずみ年	쥐띠
値段	값
熱	열
熱心に	열심히
寝坊	늦잠
寝坊をする	늦잠을 자다
眠り	잠
眠る	잠들다, 잠자다
寝る	자다
～年	년
～年生まれ	년생
年月	세월
～年生	학년
年末年始	연말연시
年齢	나이

の

能力	능력
ノート	노트
逃す	놓치다
～の側	쪽
残す	남기다
残る	남다
載せる	싣다, 얹다
乗せる	태우다
～のため	때문
喉	목
のど自慢	노래자랑
喉の風邪	목감기
(能力が)伸びる	늘다
(背,ヒゲが)伸びる	자라다
(枝が)伸びる	뻗다
～の方	쪽
(月・日)昇る	돋다
登る	오르다
飲み物	음료수
飲む	마시다
海苔	김
乗り遅れる	놓치다
乗る	타다

は

歯	이
場合	경우
パーセント	퍼센트
パーティー	파티
はい	네, 예
～杯	잔
入っていく	들어가다
入ってくる	들어오다
バイト	알바
俳優	배우
入る	들다
はがき	엽서
はがす	뜯다
履物	신, 신발
～泊	박
履く	신다
白菜	배추
激しい	심하다
箸	젓가락
橋	다리
始まり	시작
始まる	시작되다
始め	시작
初め	처음
初めて	처음
始める	시작하다
場所	자리, 장소
走る	뛰다, 달리다
バス	버스
恥ずかしい	부끄럽다
恥ずかしがる	부끄러워하다
バスケットボール	농구
パスポート	여권
肌着	속옷
畑	밭
働く	일하다
初～	첫
発音	발음
パッチム	받침
発展	발전
発表	발표
発表する	발표하다
花	꽃
鼻	코
話	이야기, 얘기
話し合う	상의하다, 의논하다
話す	이야기하다
バナナ	바나나

鼻水	콧물
母	어머니
パパ	아빠
はまる	빠지다
早い	이르다
速い	빠르다
早く(時刻)	일찍
早く(行動)	어서
速く	빨리
速く速く	빨리빨리
腹	배
払う	치르다
腹が立つ	속상하다
春	봄
バレーボール	배구
腫れる	붓다
半	반
～番	번
パン	빵
ハンカチ	손수건
番組	프로
ハングル	한글
半月(はんげつ)	반달
はんこ	도장
番号	번호
半月(はんつき)	반달
半年	반년
犯人	범인
～番目	번째
パン屋	빵집

ひ

火	불
日	날
ピアノ	피아노
ビール	맥주
東	동쪽
～匹	마리
(風邪を)ひく	걸리다
(線を)引く	긋다
弾く	치다
低い	낮다
(背が)低い	작다
飛行機	비행기
飛行士	비행사
膝	무릎
久しい	오래되다
久しぶり	오래간만, 오랜만
美術館	미술관

非常に	매우	再び	다시	便利	편리
ひたい	이마	豚肉	돼지고기	便利だ	편리하다
左	왼쪽	普段	보통, 평소		
日付	날짜	部長	부장		

<table>
<tr><td colspan="6" align="center">ほ</td></tr>
</table>

引っ越し	이사	普通	보통	方向	방향
羊	양	物価	물가	帽子	모자
ひつじ年	양띠	太い	굵다	放送	방송
ぴったり	딱	船	배	方法	방법
必要	필요	部分	부분	放る	내버리다
必要だ	필요하다	不満	불만	ホームページ	홈페이지
ビデオ	비디오	踏む	밟다	ボール	공
人	사람	増やす	늘리다	ボールペン	볼펜
ひどい	심하다	冬	겨울	他の	다른
一筋	외곬	フランス語	프랑스어	保管する	보관하다
一晩	하룻밤	ふりをする	척하다	ぼく	나
ビビンバ	비빔밥	プリント	프린트	ぼくが	내가
暇だ	심심하다	降る	내리다	ぼくたち	우리
秘密	비밀	(雨が)降る	오다	ぼくの	내
～秒	초	プルコギ	불고기	ぼくは	난
病院	병원	プルゴギの店	불고기집	星	별
病気	병	プレゼント	선물	ボタン	버튼
美容室	미용실	～分(ふん)	분	ホテル	호텔
開かれる	열리다	～分(ぶん)	분	ほとんど	거의
(目を)開く	뜨다	文	글	微笑み	미소
開く	열다, 펴다	雰囲気	분위기	ホラー映画	공포 영화
平べったい	넓적하다	文化	문화	～本	병
昼	낮	文章	글, 문장	本	책
昼ごはん	점심			本当に	정말, 참, 정말로
広い	넓다			ほんとに	진짜
拾う	줍다			本物	진짜
瓶	병			本屋	서점, 책방
品質	품질			翻訳	번역

<table>
<tr><td colspan="2" align="center">へ</td></tr>
</table>

<table>
<tr><td colspan="2" align="center">ふ</td></tr>
</table>

<table>
<tr><td colspan="2" align="center">ま</td></tr>
</table>

ファックス	팩스	平日	평일	まあ	어머
ファン	팬	～ページ	쪽	～枚	장
不安だ	불안하다	ページ	페이지	毎～	매
～風	식	へそ	배꼽	毎週	매주
夫婦	부부	下手だ	못하다	毎月	매달
深い	깊다	ベッド	침대	毎年	매년
深く	깊이	ペットボトル	페트병	毎日	매일
拭く	닦다	別名	별명	前	앞, 전
吹く	불다	蛇	뱀	前に	전에
服	옷	へび年	뱀띠	前もって	미리
福	복	部屋	방	前もって買う	예매하다
複雑だ	복잡하다	減らす	줄이다	任せる	맡기다
不思議だ	신기하다	減る	줄다	曲がる(状態)	굽다
無事だ	안녕하다, 편안하다	変化する	달라지다	曲がる(行動)	돌다
豚	돼지	返却	반납	巻く	싸다
		勉強	공부		
		弁護士	변호사		
		返事	대답		
		(手紙などの)返事	답장		
		弁当	도시락		

まける	깎다	ミュージカル	뮤지컬	餅	떡
負ける	지다	未来	앞날	もちろん	물론
ましだ	낫다	見る	보다	持つ	가지다, 갖다, 들다
まず	먼저, 우선	みんな	모두	持っていく	가져가다
まずい	맛없다			持ってくる	가져오다
混ぜる	젓다	**む**		もっと	더, 더욱
また	다시, 또, 또는	向かい側	맞은편	最も	가장
まだ	아직, 아직까지, 아직도	昔	옛날	もともと	원래
待たれる	기다려지다	むしろ	차라리	戻る	돌아가다
間違い	잘못	難しい	어렵다	物	물건
間違う	잘못하다	息子	아들	もの	거, 것
間違える	틀리다	むすぶ	잇다	もむ	주무르다
～末	말	娘	딸	もらう	받다
待つ	기다리다	無駄だ	소용없다	問題	문제
マッコリ	막걸리	胸	가슴	問題ない	문제없다
全く	전혀	村	마을		
窓	창문	無理	무리	**や**	
真夏	한여름	無理に	굳이	野外	야외
学ぶ	배우다	無料	공짜	焼きいも	군고구마
マフラー	목도리			野球	야구
ママ	엄마	**め**		野球場	야구장
守る	지키다	目	눈	焼く	굽다
眉毛	눈썹	～目	째	約束	약속
丸い	동그랗다	～名	명	夜景	야경
回る	돌다	～名様	분	野菜	야채
漫画	만화	メートル	미터	易しい	쉽다
万が一	만일	メール	메일	養う	기르다
マンション	아파트	メールアドレス	메일 주소	安い	싸다
満足する	만족하다	メガネ	안경	休み(休息)	휴식
満足だ	만족하다	召し上がる	드시다, 잡수시다	休み(休日)	휴일
真ん中	가운데	めちゃくちゃ	엉망진창	安らかだ	편안하다
		メニュー	메뉴	薬局	약국
み		目まいがする	어지럽다	やっと	겨우
見える	보이다	メモ	메모	やはり	역시
磨く	닦다			山	산
みかん	귤	**も**		山登り	등산
右	오른쪽	もう	벌써, 이미, 이제	やめる	그만두다, 끊다, 말다
短い	짧다	もう一度	다시 한번	ややこしい	까다롭다
水	물	申し上げる	말씀드리다	やり方	법
水キムチ	물김치	申し訳ない	죄송하다	やり遂げる	해내다
水冷麺	물냉면	もう少し	조금 더	柔らかい	부드럽다
店	가게	もうちょっと	좀 더		
未成年	미성년	毛布	담요	**ゆ**	
見せる	보이다	目的	목적	夕方	저녁
道	길	目標	목표	夕食	저녁, 저녁밥
見つける	찾다	木曜日	목요일	優等生	우등생
みなさん	여러분	文字	글자	郵便局	우체국
南	남쪽	もしかして	혹시	有名だ	유명하다
耳	귀	もしもし	여보세요	雪	눈

ゆず茶	유자차
譲る	양보하다
ゆっくり	천천히, 푹
ユッケ	육회
指	손가락
夢	꿈
夢を見る	꿈을 꾸다

よ

よい	좋다
酔う	취하다
曜日	요일
ようやく	겨우
ヨーロッパ	유럽
よく	자주, 잘
翌年	다음 해
横	옆
横になる	눕다
予習	예습
予選	예선
予定	예정
世の中	세상
呼ぶ	부르다
詠む	읊다
読む	읽다
嫁入り	시집
嫁入り先	시집
予約	예약
余裕	여유
寄る	들르다
夜	밤
夜遅い	밤늦다
喜ぶ	기뻐하다
弱い	약하다

ら

ラーメン	라면
来月	다음 달
来週	다음 주
来年	내년
ライブ	라이브
楽だ	편하다
ラジオ	라디오

り

理解	이해
理解する	이해하다
利口だ	똑똑하다
理想的	이상적

理想のタイプ	이상형
竜	용
理由	이유
留学	유학
流行	유행
流行語	유행어
寮	기숙사
量	양
利用	이용
利用する	이용하다
両親	부모
両親の日	어버이날
両方	양쪽
料理	요리, 음식
旅行	여행
リンゴ	사과

れ

例	보기
礼儀	예의
歴史	역사
冷蔵庫	냉장고
例文	예문
冷麺	냉면
レポート	리포트
恋愛	연애
連休	연휴
練習	연습
連絡	연락
連絡先	연락처

ろ

録音	녹음
録画	녹화
ロシア語	러시아어
論理	논리

わ

わあ	와
若い	젊다
わが国	우리나라
分からない	모르다
分かる	알다
わく	솟다
分け前	몫
分ける	나누다
わざわざ	일부러
忘れてしまう	잊어버리다
忘れる	잊다

私	저
私が	제가
私たち	저희
私の	제
わたし	나
わたしが	내가
わたしたち	우리, 우리들
わたしの	내
渡る	건너다
笑う	웃다
悪い	나쁘다
割れる	깨지다

数字

0	공, 영
1	일
1つ	하나
1つの	한
1月	일월
1週間	일주일
一日	하루
1人	혼자
2	이
2つ	둘
2つの	두
2月	이월
2日間	이틀
2人	둘이
3	삼
3つ	셋
3つの	세
3月	삼월
3人	셋이
4	사
4つ	넷
4つの	네
4月	사월
4人	넷이
5	오
5つ（の）	다섯
5月	오월
6	육
6つ（の）	여섯
6月	유월
7	칠
7つ（の）	일곱
7月	칠월
8	팔
8つ（の）	여덟

8月	팔월
9	구
9つ(の)	아홉
9月	구월
10	십
10(の)	열
10月	시월
11月	십일월
12月	십이월
20	스물
20(の)	스무
30(の)	서른
40(の)	마흔
50(の)	쉰
60(の)	예순
70(の)	일흔
80(の)	여든
90(の)	아흔
百	백
千	천
万	만
億	억

8. 語尾・接尾辞リスト

※数字は課数を示す。

●活用形Ⅰにつくもの

Ⅰ-거든요	〜んですよ	21Ⓑ
Ⅰ-게	〜に, 〜く, 〜ように	15Ⓑ
Ⅰ-게 되다	〜になる, 〜くなる	20Ⓐ
Ⅰ-겠-	[推量・意志・婉曲]	16Ⓐ
Ⅰ-고	〜して[並列・動作の先行]	14Ⓐ
Ⅰ-고 싶다	〜したい	10Ⓐ
Ⅰ-고 있다	〜している[動作の継続・進行]	10Ⓑ
Ⅰ-기 쉽다	〜しやすい	18Ⓐ
Ⅰ-기 시작하다	〜しはじめる	18Ⓐ
Ⅰ-기 싫다	〜のが嫌だ	18Ⓐ
Ⅰ-기 싫어하다	〜のが嫌いだ	18Ⓐ
Ⅰ-기 어렵다	〜しにくい	18Ⓐ
Ⅰ-기 전	〜する前	17Ⓑ
Ⅰ-기 좋다	〜のに良い	18Ⓐ
Ⅰ-기 좋아하다	〜のが好きだ	18Ⓐ
Ⅰ-기 편하다	〜のが楽だ	18Ⓐ
Ⅰ-기 힘들다	〜しにくい/しがたい	18Ⓐ
Ⅰ-네요	〜ですね, 〜ますね	12Ⓐ
Ⅰ-는	〜する…, 〜している…[非過去連体形]	12Ⓑ
Ⅰ-는 것 같다	〜みたいだ, 〜ようだ, 〜と思う	21Ⓐ
Ⅰ-는 줄 모르다	〜と思わない	18Ⓑ
Ⅰ-는 줄 알다	〜と思う	18Ⓑ
Ⅰ-는데	〜が, 〜けど	19Ⓑ
Ⅰ-는데요?	〜ですか, 〜ますか	21Ⓑ
Ⅰ-는지	〜か	22Ⓐ
Ⅰ-던	〜た…[非過去連体形]	13Ⓐ
Ⅰ-ㅂ니까?	〜ですか, 〜ますか	7Ⓑ
Ⅰ-ㅂ니다	〜です, 〜ます	7Ⓑ
Ⅰ-습니까?	〜ですか, 〜ますか	7Ⓑ
Ⅰ-습니다	〜です, 〜ます	7Ⓑ
Ⅰ-죠	〜でしょう[同意・確認]	19Ⓐ
Ⅰ-지 말다	〜ない, 〜のはやめる[禁止]	22Ⓑ
Ⅰ-지 못하다	〜できない[不可能形 (2)]	8Ⓐ
Ⅰ-지 않다	〜ない[否定形 (2)]	8Ⓐ
Ⅰ-지만	〜けど, 〜だが	14Ⓑ

●活用形Ⅱにつくもの

Ⅱ-ㄴ	〜な…, 〜い…, 〜の…, 〜ではない…[非過去連体形]	12Ⓐ
Ⅱ-ㄴ	〜した…[過去連体形 (1)]	12Ⓑ
Ⅱ-ㄴ 것 같다	〜みたいだ, 〜ようだ, 〜と思う	21Ⓐ
Ⅱ-ㄴ 적이 있다	〜したことがある	12Ⓑ
Ⅱ-ㄴ 적이 없다	〜したことがない	12Ⓑ
Ⅱ-ㄴ 줄 모르다	〜と思わない	18Ⓑ
Ⅱ-ㄴ 줄 알다	〜と思う	18Ⓑ
Ⅱ-ㄴ 지	〜してから	21Ⓑ
Ⅱ-ㄴ데	〜が, 〜けど	19Ⓑ
Ⅱ-ㄴ데요?	〜ですか, 〜ますか	21Ⓑ
Ⅱ-ㄴ지	〜か	22Ⓐ
Ⅱ-니까	〜から, 〜ので[理由]	14Ⓑ
Ⅱ-ㄹ	〜する…, 〜だろう…[推量・意志]	13Ⓑ
Ⅱ-ㄹ 것 같다	〜みたいだ, 〜ようだ, 〜と思う	21Ⓐ
Ⅱ-ㄹ 것이다	〜つもりだ, 〜と思う[推量・意志]	13Ⓑ
Ⅱ-ㄹ까요?	〜でしょうか, 〜ましょうか	18Ⓑ
Ⅱ-ㄹ 수 없다	〜することができない	10Ⓐ
Ⅱ-ㄹ 수 있다	〜することができる	10Ⓐ
Ⅱ-ㄹ 줄 모르다	〜することができない	16Ⓐ
Ⅱ-ㄹ 줄 모르다	〜と思わない	18Ⓑ
Ⅱ-ㄹ 줄 알다	〜することができる	16Ⓐ
Ⅱ-ㄹ 줄 알다	〜と思う	18Ⓑ
Ⅱ-ㄹ게요	〜しますよ, 〜しますね[意志]	13Ⓐ
Ⅱ-ㄹ래요	〜します[意向]	21Ⓐ
Ⅱ-ㄹ래요?	〜しますか, 〜しましょうか	21Ⓐ
Ⅱ-ㄹ지	〜か	22Ⓐ
Ⅱ-러	〜しに	12Ⓑ
Ⅱ-면	〜たら, 〜れば	19Ⓐ
Ⅱ-면 되다	〜ばいい	20Ⓑ
Ⅱ-면서	〜ながら	19Ⓐ
Ⅱ-ㅂ시다	〜しましょう	22Ⓐ
Ⅱ-세요	〜なさいます	11Ⓐ
Ⅱ-세요	〜してください[命令 (指示)]	16Ⓑ
Ⅱ-세요?	〜なさいますか	11Ⓐ
Ⅱ-셨습니까?	〜なさいましたか	11Ⓐ
Ⅱ-셨습니다	〜なさいました	11Ⓐ
Ⅱ-셨어요	〜なさいました	11Ⓐ
Ⅱ-셨어요?	〜なさいましたか	11Ⓐ
Ⅱ-시-	[尊敬]	11Ⓐ
Ⅱ-십니까?	〜なさいますか	11Ⓐ
Ⅱ-십니다	〜なさいます	11Ⓐ
Ⅱ-십시오	お〜ください	22Ⓐ

●活用形Ⅲにつくもの

Ⅲ 놓다	〜しておく	21Ⓐ
Ⅲ 두다	〜しておく	21Ⓐ

261

付録

著者紹介

中島仁（東海大学国際教育センター准教授）

金玟秀（東海大学国際教育センター講師）

吉本一（東海大学国際教育センター教授）

新・韓国語へのとびら
― 会話と練習をふんだんに ―

検印
省略

© 2021 年 1 月 30 日　改訂初版 発行

著者　　　　　　　　　　　　　　　　　　　　中島仁
　　　　　　　　　　　　　　　　　　　　　　金玟秀
　　　　　　　　　　　　　　　　　　　　　　吉本一

発行者　　　　　　　　　　　　　　　　　　原　雅久
発行所　　　　　　　　　　株式会社　朝日出版社
　　　　　　101-0065　東京都千代田区西神田 3-3-5
　　　　　　　　　　　　　電話　03-3239-0271/72
　　　　　　　　　　　　振替口座　00140-2-46008
　　　　　　　　　　　　http://www.asahipress.com/
　　　　　　　　　　組版 / ㈱ 剛一　印刷 / 図書印刷

朝日出版社 ハングル能力検定試験問題集のご案内